MIGUEL ÁNGEL MUNÁRRIZ CASAJÚS

LA AVENTURA HUMANA
En busca de nuestro destino

EDICIONES UNIVERSIDAD DE NAVARRA, S.A.
PAMPLONA

Serie: Ciencias Sociales

Cupón para la Biblioteca Virtual

Accede a la versión eBook de este título por solo **1,99 €**. Con la compra de este libro puedes utilizar el siguiente cupón para la lectura en *streaming** desde la Biblioteca Virtual. **Sigue estas instrucciones** para visualizar tu libro:

1. Dirígete a la web de la Biblioteca Virtual en **https://ebooks.eunsa.es**.

2. En la web ve a **Iniciar sesión** e introduce tu email y contraseña. Si no estás registrado, deberás completar el proceso en **Registrarse**.

3. Tras registrarte, accede a la página del libro o lee el QR de esta página. Bajo el precio podrás **insertar el código oculto en el siguiente cupón** para activar la promoción.

Despegue para visualizar

Acceso directo al eBook

Canjéalo en ebooks.eunsa.es

*Con acceso a internet desde cualquier navegador.

© 2025. Miguel Ángel Munárriz Casajús
Ediciones Universidad de Navarra, S.A. (EUNSA)
Campus Universitario • Universidad de Navarra • 31009 Pamplona • España
+34 948 25 68 50 • www.eunsa.es • eunsa@eunsa.es

ISBN: 978-84-313-4049-0
DL NA 1295-2025

Imagen de portada:
Juana Mary Munárriz

Printed in Spain – Impreso en España
Imprime Podiprint

A María Pilar,
Juana Mary,
Ignacio,
Mercedes,
Marta M.,
Paula,
Amaya,
Ana,
Marta,
Pablo,
Silvia,
Daniel,
Irati,
Elena,
Fernando,
Ester,
Jorge,
Javi,
Víctor

Índice

Introducción

Nuestra historia comienza hace trece mil setecientos millones de años cuando una gran explosión da lugar al universo. Desde el ámbito científico se afirma que lo primero que aparece tras la explosión es el espacio-tiempo, luego las leyes físicas, la energía, las partículas, los núcleos atómicos, los átomos ligeros, las estrellas, las galaxias... Los elementos pesados de la tabla periódica –afirma la ciencia– se originan en el interior de las estrellas debido a las condiciones extremas de presión y temperatura que allí existen, y dan lugar a los sistemas planetarios y los asteroides al explotar las supernovas que los contienen.

Nuestro sistema solar se forma hace cuatro mil quinientos cincuenta millones de años a partir de una nube de gas, rocas y polvo cósmico frenados en su expansión por la acción de la gravedad. La nube de gas está formada por hidrógeno y helio procedentes de la gran explosión, mientras que los materiales sólidos son los restos de la explosión de supernovas cercanas.

En un principio la Tierra presenta un medioambiente hostil para el desarrollo de la vida, pero alrededor de doscientos millones de años después, la temperatura baja de los cien grados centígrados, se condensa el vapor de agua, se forman los océanos y aparece la corteza terrestre. En estas nuevas condiciones ambientales, se combinan entre sí los elementos químicos inorgánicos existentes en aquella Tierra primitiva, se forman de manera natural compuestos orgánicos cada vez más complejos, aparecen las proteínas y los ácidos nucleicos, y estos terminan conformando la primera célula viva capaz de replicarse para formar otras células también vivas.

Luego, a través de un proceso de evolución que dura miles de millones de años, van apareciendo las distintas especies que nos han precedido; primero los organismos unicelulares, luego los pluricelulares y, al final de la cadena que conduce a nosotros, los primates. Sin que se sepan las causas de ello (existen varias teorías distintas), una de las especies de su linaje experimenta un importante aumento del tamaño del su cerebro, desarrolla la capacidad de caminar en posición erecta, y dos millones de años después surge el primer individuo clasificado dentro del género *Homo* al que pertenecemos los humanos.

Pero la historia continúa, su cerebro sigue creciendo y estos homínidos empiezan a pensar, a diseñar herramientas, a dictar normas de convivencia... luego a obrar en libertad, a amar, a compadecer, a crear arte... En definitiva, aquellos individuos esencialmente egoístas y esclavos de sus instintos, se van convirtiendo a lo largo de miles de siglos en personas humanas con todas las facultades propias de los seres humanos...

Pues bien, hasta aquí los hechos escuetos, pero si queremos acometer la tarea de relatar la aventura humana no podemos limitarnos a los hechos, sino que debemos preguntarnos el *por qué* y el *para qué* de las cosas, pues según sean las respuestas nuestra vida tendrá uno u otro sentido. La respuesta a la primera pregunta admite dos hipótesis diferentes; la creacionista y la materialista. La interpretación creacionista del origen del mundo y de nuestro propio origen nos la proporcionan los primeros capítulos del Génesis; el primero relata la creación, y el segundo la génesis del primer hombre.

Buceando en el simbolismo de sus textos descubrimos en ellos tres mensajes muy sencillos. Primero, Dios es el Señor pues de Él procede todo cuanto existe. Segundo, el hombre es un ser singular hecho a su imagen. Tercero, la mujer es igual al hombre. Pero esta explicación presupone la existencia de una *realidad* que escapa a nuestros sentidos (Dios creador), y la cuestión está en saber si nuestros sentidos tienen una capacidad ilimitada de percepción de la realidad, o si son limitados y hay realidades que les pasan desapercibidas. La interpretación materialista se ha basado tradicionalmente en el azar. Pero el recurso al azar es poco consistente para justificar nuestra presencia en el mundo, y por eso la teoría de la evolución de Darwin (1809-1882) supone un importante impulso a las tesis no creacionistas. Ya no es sólo el azar el responsable de nuestra existencia, sino que también hay que contar con la selección natural que guía todo el proceso evolutivo sin necesidad de ningún tipo de designio divino.

Desde Darwin resulta habitual creer que desde la ciencia se puede explicar (o se podrá explicar en el futuro) todo el proceso que parte de la nada y culmina en nosotros, pues ofrece un relato sólido que resulta convincente. Pero si se mira con más detalle, se aprecia, incluso sin necesidad de ser científico, que en la cadena argumental que nos ofrece la ciencia faltan eslabones esenciales para explicar los saltos ontológicos que se producen a lo largo del proceso, y merece la pena detenernos un momento a analizar esta apreciación.

De la nada a la materia

Hay científicos que afirman poder explicar las causas que provocaron el Big Bang basándose sólo en las leyes físicas... con lo que el papel de un Creador para que todo exista queda muy en entredicho. Stephen Hawking (1942-2018), en su libro *El gran diseño*, declara que: «El universo surgió de la nada, de forma espontánea, como consecuencia inevitable de las leyes de la física», y sin entrar en mayores detalles, se nos ocurre señalar que *la nada* de Hawking es muy peculiar, pues, al parecer, en ella caben nada menos que las leyes físicas.

Pero no sólo es Hawking, sino que todos los científicos que dicen poder explicar la génesis del Big Bang (el origen del universo) desde la ciencia, caen en esta misma inconsistencia, pues se limitan a justificar la aparición espontánea de la materia y la energía… pero no se ocupan de aclarar el origen del espacio-tiempo y las leyes físicas en las que apoyan sus teorías. Es evidente que si no explicamos de dónde proceden, estas teorías están muy lejos de solucionar el enigma del origen del cosmos.

De la materia a la vida

El relato científico sobre la formación espontánea de la primera "estructura celular" capaz de albergar la vida presenta una base empírica insuficiente, pero es razonable pensar que las cosas debieron ocurrir como dicen los científicos. Ahora bien, cuando a continuación afirman que al constituirse el soporte material de la vida (al formarse la primera estructura celular), la vida surge espontáneamente, están sustituyendo la argumentación científica por un simple aserto sin base empírica alguna, y, por tanto, sin ningún valor científico… máxime cuando los datos empíricos apuntan a todo lo contrario. Nos explicamos.

La ontología es la rama de la metafísica que estudia el "ser", y en ella se clasifican las distintas realidades ontológicas (las distintas formas de ser) en varios niveles que forman una escala perfectamente jerarquizada. Como es natural (por ser evidente) en esta escala a la "materia" se le otorga un nivel inferior a la "vida", y a la vida un nivel inferior a la "conciencia". Pero la ontología nos dice además que esta escala es como la ladera de una montaña, en la que un objeto sólo puede caer y nunca remontarse hacia arriba; es decir, que la materia nunca puede por sí misma dar lugar a la vida; que para que exista la vida tiene que haber algo más que "anime" a la materia inerte para convertirla en un ser "animado" (del término *"ánima"* –alma– en latín, procedente del griego *"ánemos"*).

Y este principio no es fruto de ningún tipo de razonamiento lógico, sino de un dato empírico incuestionable; y es que jamás nadie ha hecho surgir algo de la nada, ni ha dotado de vida a un ser inanimado ni de conciencia a un animal irracional. Cuando muere un ser vivo desciende en la escala ontológica porque pierde la vida, pero los muertos no pueden resucitar; no pueden ascender.

Este mismo razonamiento es aplicable a la explicación científica de la noogénesis, porque el simple incremento del tamaño y complejidad del cerebro (materia) no puede dar lugar la aparición de la inteligencia y el pensamiento (espíritu). Y es que la cadena argumental que trata de explicar el proceso evolutivo desde la razón tiene tramos muy robustos, otros no tanto, y en algunos falta el eslabón clave. Y nos viene a la memoria la frase de Albert Einstein (1879-1955): «La ciencia sin la religión es coja...».

Otra cuestión importante es el objeto o finalidad de la existencia del mundo y de nuestra propia existencia. Desde posiciones materialistas el mundo es absurdo, fruto del azar, y el ser humano es un ser arrojado a él sin referencias y sin otra perspectiva que la propia de su vida biológica. Desde posiciones creacionistas, el mundo es obra de Dios, y tiene por finalidad una humanidad en plenitud donde las pasiones propias de nuestra herencia genética animal, hayan sido superadas por la fuerza del Espíritu que Dios insufló en el rostro de aquel muñeco de barro del que nos habla el Génesis (Gen 2,7).

Según esta concepción del mundo, cabe pensar que Dios estableció las leyes naturales para que la creación culminase en la aparición del ser humano sobre la faz de la Tierra, y que también fue Dios quien dotó a este ser humano de inteligencia, conciencia y libertad para que fuese él, animado por su Espíritu, quien recorriese el último tramo del camino hasta la plenitud. Pero de esta concepción también se deriva una consecuencia inquietante, y es que Dios, al confiar en nosotros hasta ese punto, está corriendo el riesgo de que sigamos caminos que nos aparten de su proyecto... y es tal el calado de esta interrogante, que será el tema que cierre nuestra reflexión.

Hasta aquí, a grandes rasgos, el escenario con el que se encuentran los primeros humanos al principio de su aventura; de nuestra aventura. A partir de aquí, la crónica de nuestra andadura por la historia. El objetivo que nos hemos propuesto al afrontar esta reflexión es doble: por una parte, vamos a intentar analizar la encrucijada en la que hoy se halla el mundo, y por otra, vamos a recorrer el camino que nos ha traído hasta ella para entenderla mejor; es decir, vamos a intentar comprender ese proceso apasionante a través del cual la humanidad se ha dotado de todo el bagaje, material, intelectual y espiritual que hoy posee.

Para alcanzar este objetivo hemos dividido la reflexión en tres partes. Una primera *descriptiva*, que corresponde a la crónica propiamente dicha del progreso humano. Como es obvio, nos vamos a limitar a un repaso elemental de este progreso, y además básicamente circunscrito a nuestro entorno. Vamos a relatar cómo el ser humano ha desarrollado las herramientas de toda índole que le han permitido crear la historia; de cómo nació la ciencia, la tecnología, la religión, la filosofía; de cómo cada una de éstas disciplinas se ha ido desplegando en la diversas etapas históricas; de sus épocas doradas, de su declive; en definitiva, de cómo se ha ido configurando a lo largo de los siglos la cultura e idiosincrasia del hombre actual…

Habitualmente los tratados de historia se ocupan de los grandes acontecimientos políticos y militares de una comunidad, una nación o el conjunto de la humanidad. También es habitual referirlos a una disciplina concreta, como por ejemplo, la historia de la filosofía, la historia del arte o la historia sagrada. Quizá la novedad de este relato sea que está referido al conjunto del conocimiento humano con el mismo enfoque con el que Friedrich Hegel (1770-1831) concibió su "espíritu universal", es decir, como un ser vivo, inmaterial, que no deja de crecer a lo largo del tiempo alimentado por nuestra propia actividad mental, y cuya misión es impulsar la historia como una fuerza invisible e inexorable.

La segunda parte va a estar referida a la situación actual y va a tener un carácter *analítico o evaluativo*. En ella trataremos de definir el término *progreso* y, en base a esta definición, vamos a intentar establecer si a día de hoy la humanidad está progresando, o estancada o involucionando. Porque la ciencia, que tantos beneficios había reportado a la humanidad hasta ahora, comienza a mostrar su lado oscuro, y el carácter redentor con el que se presentó en su día puede que se haya convertido en la mayor amenaza de la historia. Además, la amenaza no es sólo de índole material, sino que la cultura positivista que ha traído aparejada, nos está abocando a un mundo carente de sentido.

La tercera parte tendrá un carácter *especulativo*. Partiremos de lo que conocemos (la historia y la situación actual) y trataremos de inferir de alguna forma el futuro inmediato dado el cariz que están tomando las cosas. La amenaza nuclear, el cambio climático, la creciente banalización de la vida, la pérdida de su sentido y el triunfo de la demagogia y el populismo en la vida política, hacen presagiar un cambio de ciclo histórico más o menos inminente.

Y es que la experiencia nos dice que los modelos de sociedad son como los seres vivos; nacen, alcanzan la madurez, decaen y mueren. Suele pasar que los logros obtenidos por un modelo en su época de madurez, se malogran cuando, agotado, se resiste a ceder el paso a otro más humano, pujante y puesto al día. Decía José Ortega y Gasset (1883-1955) que «las civilizaciones mueren cuando mueren sus principios», y los principios hoy vigentes nada tienen que ver con los que dieron lugar a la nuestra.

Finalmente, este relato nos va a servir para someter a nuestra cultura ilustrada (tan proclive a despreciar todo conocimiento, creencia o costumbre del pasado) a una cura de humildad, pues nos muestra que la inmensa mayoría de los avances cruciales para los seres humanos se han producido en épocas pretéritas, y que gran parte de los desarrollos surgidos en este siglo son meramente incrementales y no responden a necesidades humanas, sino a un mayor florecimiento del comercio y la economía.

Primera parte
El progreso humano

El espíritu universal

El protagonista de esta primera parte de nuestra reflexión es el conocimiento visto como motor de la historia. Por una parte está el conocimiento científico, que permite mejorar nuestras condiciones de vida, por otra, el conocimiento filosófico, que nos ayuda a situarnos en el mundo, y finalmente, el conocimiento religioso que da sentido tanto a nuestra vida como a nuestra muerte. En la introducción hemos adoptado la expresión "espíritu universal" de Hegel para referirnos al conocimiento global de la humanidad, y a él nos vamos a seguir refiriendo.

El "espíritu universal" nace muy tímidamente hace cuatro millones de años al sur del continente africano, cuando unos primates muy evolucionados se enfrentan a la necesidad de abandonar su hábitat en la copa de los árboles y caminar erguidos por la sabana para otear mejor a sus depredadores. Son los *Australopitecus*, cuya estatura media es de un metro veinte, pero su capacidad craneal es muy superior al resto de primates.

Según se afirma desde el ámbito científico, en una de sus poblaciones se inicia un proceso de coevolución entre su cerebro (cada vez mayor y más conexionado) y las acciones y relaciones sociales de sus individuos (cada vez más complejas), que da lugar a ese último periodo de la evolución que conocemos como "hominización" y que desemboca en nosotros.

Este hombre primitivo pronto empieza a valerse de la tecnología para mejorar sus condiciones de vida, y el *espíritu universal* comienza a crecer de forma significativa. Paralelamente, su necesidad de vivir en sociedad le avoca a desarrollar normas de convivencia, códigos morales y sistemas de gobierno; su curiosidad innata le mueve a investigar los rudimentos de las matemáticas y de la astronomía, su creatividad le introduce en el mundo del arte, su desconocimiento del mundo que le rodea le obliga a buscar explicaciones fuera de lo cotidiano y surgen los sistemas filosóficos, los mitos y las religiones. Así, muy poco a poco, su vida se va haciendo más rica, más compleja, el *espíritu universal* comienza a desarrollarse en todas las direcciones y su avance se consolida definitivamente.

Pero vayamos por partes.

Los albores de la humanidad

Vamos a comenzar nuestro repaso a la historia cuando los primeros individuos del género *Homo* aparecen sobre la Tierra hace aproximadamente dos millones de años. El primer homínido bípedo pudo haber sido el *Homo Habilis*, cuya antigüedad se estima entre dos millones y un millón ochocientos mil años. El *Habilis* mide aproximadamente un metro sesenta, y aunque el tamaño de su cerebro es muy superior al de otros primates, su aspecto es simiesco. Su nombre —*Homo Habilis*— hace referencia a su capacidad técnica para fabricar utensilios de piedra capaces de cortar y desgarrar pedazos de carne.

A partir de entonces van surgiendo las distintas especies de homínidos que en algún momento han poblado la Tierra, como son, el *Homo Ergaster* (relacionado con el *Homo Erectus* asiático), el *Homo Antecessor*, el *Homo Neanderthalensis,* el *Homo Sapiens* y otros... El *Habilis* se extingue en fechas pretéritas. El *Ergaster* es el primer homínido en salir del continente africano (hacia Oriente Medio) y conquistar otras partes del mundo. El *Antecessor* es considerado el homínido más antiguo de Europa y probable predecesor del Homo Heidelbergensis, que pudo haber llegado a compartir territorio con el *Sapiens*.

El *Neandertal* desciende de algún homínido africano afincado desde tiempos muy remotos en el norte de Europa. Su piel se ha adaptado a aquellas latitudes y es blanca, su pelo rubio, es muy fornido y su capacidad cerebral es sensiblemente superior a la del *Homo Sapiens*. Cuando este último llega a Europa es de piel oscura y esqueleto mucho más fino, en claro contraste con sus primos neandertales. Ambos luchan por la supervivencia... y ganan los *Sapiens*.

Algunos antropólogos consideran que hasta hace 60.000 o 70.000 años, los individuos de la especie *Sapiens* apenas se distinguen del resto de homínidos, pero que sobre esa fecha se produce en ella una "explosión cognitiva" muy acusada que los diferencia definitivamente de los otros. Desde la ciencia se baraja como causa de este hecho una mutación genética, pero también cabe una interpretación teológica.

Parece ser que el *Sapiens* es altamente depredador, pues coincidiendo con su llegada a las distintas regiones del planeta, se produce en ellas una gran extinción de especies de grandes animales. Por esta razón, no se descarta que el Sapiens hubiese tenido parte en la extinción del resto de homínidos, ya que sobre el año 40000 a.c. ya se han extinguido todas las especies del Género *Homo* excepto ella. Estos *Sapiens* van adquiriendo más rasgos humanos a lo largo de los siglos, y desde muy antiguo son equiparables en todo a nosotros.

A este periodo histórico lo llamamos "Prehistoria", y va desde la aparición de los primeros homínidos hasta que su dominio de la escritura nos permite conocer de primera mano los hechos y costumbres de aquellos pueblos. Este hecho tiene lugar en fechas muy distintas según del lugar de que se trate. En Mesopotamia y Egipto puede haber sucedido sobre el 3100 a.C., en el pueblo hebreo sobre el 1200 a.C. y en el mundo helénico entre el 700 y 800 a.C.

Durante la prehistoria, el conocimiento (en forma de creencias, leyendas, historia, literatura, preceptos, normas de convivencia...) se transmite de manera oral, y aunque nuestra mentalidad rechaza que este tipo de comunicación pueda resultar fiable, los especialistas nos dicen todo lo contrario. Por poner un ejemplo, las tradiciones del pueblo hebreo que más tarde compondrán la Biblia se transmiten fielmente durante muchas generaciones de padres a hijos, hasta que, con la llegada de la escritura, los cronistas recogen por escrito estas tradiciones.

La vida nómada

Los primeros homínidos recolectan vegetales, luego comienzan a complementar su dieta con carroña y terminan siendo cazadores, pero en todas estas etapas apenas si construyen algunos asentamientos provisionales. La razón es que para encontrar los mejores frutos o las mejores presas que les permitan sobrevivir, necesitan moverse de un lugar a otro, y de ahí su carácter nómada. Son muy beligerantes y están en guerra permanente con sus vecinos. Para librar estas guerras, desarrollar su actividad cinegética y construir útiles que facilitan su vida cotidiana, ingenian hachas, lanzas y otros útiles rudimentarios de piedra tallada, por cuya razón los paleontólogos han llamado a este periodo "Paleolítico". El paleolítico comienza con la prehistoria, y también finaliza en fechas distintas según la región de que se trate. En Mesopotamia, por ejemplo, finaliza sobre el año 12000 a.C.

La técnica habitual es la talla por percusión de materiales de fractura cóncava como el sílex, y aunque esta técnica experimenta un constante proceso de mejora, no varía demasiado a lo largo de este periodo. El hombre del paleolítico también usa otros materiales (madera, astas, huesos) para la fabricación de anzuelos, arpones y otros utensilios, pero estos logros son menos significativos a nivel de evolución.

De este tiempo data el dominio del fuego; un hecho crucial que produce cambios importantes en las costumbres y dieta de aquellos primeros homínidos. Las evidencias encontradas en distintas regiones indican que la fecha en que el fuego empezó a formar parte de la vida de los hombres varía mucho de unos sitios a otros. Tomando un amplio abanico de tiempo para fijarla, su antigüedad podría oscilar entre los 60.000 y 700.000 años según la región de la que estemos hablando.

Respecto al arte, desde tiempos remotos el ser humano organiza un sistema de representación artística que se plasma en el arte rupestre. Las pinturas rupestres más famosas son las de las cuevas de Lascaux en Francia y las de Altamira en España. Las pinturas de Lascaux pueden tener una antigüedad de 20.000 años, mientras que las de Altamira pueden llegar a los 14.000. Esta última se caracteriza por el realismo de sus pinturas policromadas situadas en sus paredes y techos, lo que la convierten en la "capilla Sixtina" del arte rupestre.

Lo más relevante de este periodo es sin duda la aparición del lenguaje, pero la inexistencia de restos arqueológicos que se relacionen directamente con ello ha dado lugar dos teorías muy distintas para explicar el proceso. La "teoría de continuidad" propugna que el lenguaje no puede haber aparecido simplemente de la nada, sino haber evolucionado gradualmente desde sistemas prelingüísticos propios de los primeros homínidos (e incluso de los primates). La "teoría de discontinuidad" aduce que el lenguaje es un rasgo específico del ser humano y que, por lo tanto, tiene que haber aparecido de manera muy puntual en el curso de la evolución humana.

Noam Chomsky (1928-....), defiende que es una sola mutación genética casual en un individuo de hace 100.000 años la que da lugar a la "emergencia instantánea" (sic) de la facultad lingüística de manera perfecta o casi perfecta. Por el contrario, Steven Pinker (1954-…) no niega el carácter innato de la facultad lingüística del ser humano, pero afirma que esta facultad habría evolucionado por el camino gradual similar al del resto de la evolución. Para quienes defienden las teorías continuistas, la fecha en que el lenguaje alcanza un cierto grado de perfección puede haber coincidido con el comportamiento plenamente humano, hace quizá 70.000 años. Existe también una interesante controversia en torno a la posibilidad de que los Neandertales tuviesen un lenguaje más parecido al de los Sapiens que al de otros homínidos, porque esto demostraría un grado de evolución similar al de los Sapiens. Pero todas estas teorías no pasan de ser conjeturas cualificadas sin otro soporte empírico que algunos datos indirectamente ligados al objeto de las tesis planteadas.

Otro tema importante a tener en cuenta es la religión. Existen muchas dudas de que los homínidos que vivieron en el paleolítico inferior (hasta el año 130.000 a.C.) hubiesen tenido capacidad para el pensamiento abstracto, pero se han encontrado tumbas de Neandertales del paleolítico superior, en las que junto a los esqueletos se han hallado objetos de ajuar para facilitar su nueva vida tras la muerte. También se han hallado vestigios de algún tipo de práctica funeraria para encomendar al fallecido a los dioses, aunque estas prácticas son más propias del mesolítico y el neolítico.

La vida sedentaria

La vida nómada tiene sus ventajas, como la libertad de ir a donde uno le plazca, la flexibilidad "laboral" y la oportunidad de vivir diferentes culturas. Pero también tiene sus inconvenientes, como la inconfortabilidad, el hambre cuando escasea de caza, la inestabilidad y la dificultad para progresar. Por eso, tras un largo periodo de transición llamado Mesolítico, los seres humanos van pasando de una vida nómada basada en la caza, a otra sedentaria basada en la agricultura y el pastoreo. Es una vida dura, con jornadas de trabajo de sol a sol, pero la comida está garantizada, la incertidumbre de cara al futuro es menor y se puede dormir todos los días en el mismo lecho.

Así, muy poco a poco, los distintos grupos étnicos que vagan a través de amplios territorios se van asentando en los terrenos más fértiles de la Tierra, como son la península de Anatolia, el Levante Mediterráneo, la vega de Mesopotamia bañada por los ríos Tigris y Éufrates, y la cuenca del Nilo, convirtiéndose en focos de cultura con un papel trascendental en el progreso humano. Es la cultura neolítica.

El paso del nomadismo al sedentarismo pone las bases de la civilización y produce dos efectos importantes para la humanidad: el primero (relacionado con la aparición de las primeras aldeas), es la jerarquización y organización de la sociedad como base de la convivencia de sus vecinos; el segundo (derivado de buscar buenos pastos para el ganado), es la trashumancia que pone en contacto a distintos pueblos y propicia el intercambio de técnicas y productos. De esta forma, la cultura neolítica se extiende desde sus focos originales hasta lugares más lejanos.

Los primeros vestigios de la cultura neolítica se sitúan en Oriente Medio sobre el año 8500 a.C., siendo de destacar, por su antigüedad, el asentamiento de Jericó en Palestina (8000 a.C.), y el de Çatal Hüyüc en Anatolia (6500 a.C.). ¿Pero cómo surgen estas aldeas? Pues parece ser que cuando las familias de la misma tribu o el mismo clan familiar llegan a un espacio fértil y con buen acceso al agua, se alían para construir las casas, los muros defensivos, las instalaciones agrícolas y silos comunitarios que constituyen las aldeas. Las casas se construyen de adobe (barro y paja) y están generalmente adosadas y rodeadas del muro defensivo que hemos mencionado.

Esta nueva forma de vida lleva aparejadas nuevas necesidades, y de ellas surgen las distintas técnicas de la época. Aparte de la construcción, destacan las técnicas de conservación de alimentos, la domesticación de animales, la fabricación de vasijas para almacenar líquidos y de recipientes de fibras trenzadas para guardar alimentos, la invención del "huso" para trenzar el hilo y del "telar" para confeccionar vestidos con fibras animales o vegetales...

Siguen necesitando armas para defenderse de (o atacar a) sus vecinos con los que están en guerra permanente. También precisan aperos de labranza y utensilios domésticos, y ello queda de manifiesto en los restos arqueológicos que nos muestran arados y hoces de madera, piedras de molino para hacer pan y una mejora sustancial en las técnicas de manufactura de la piedra, que pasa de tallada a pulida, mejorando así sus prestaciones. Por esta razón, a este periodo se le denomina "Neolítico".

Ahora bien, quizá la mayor innovación del neolítico sea la cerámica. La cerámica es usada en principio para fabricar vasijas y elementos ornamentales, pero luego es también utilizada como elemento de construcción. Los primeros objetos de arcilla se secan al sol o junto a las hogueras tribales y tienen una función utilitaria. Más tarde se desarrollan las técnicas de cocción y de vitrificación de las superficies con fuego, con lo que estos objetos optimizan sus características físicas y mejoran su aspecto. Se han encontrado piezas de alfarería de esta época de gran mérito.

Pero aparte de estos aspectos materiales, merece la pena detenerse un momento en el arte y las creencias propios del neolítico. Respecto al arte, el hombre del neolítico expresa sus inquietudes artísticas a través las pinturas rupestres (con contenidos distintos a las del paleolítico), la decoración de vasijas y la elaboración de estatuillas de piedra y barro que pueden tener carácter propiciatorio (como las dedicadas a la maternidad) o religioso. También resulta relevante la construcción de los dólmenes y crómlech con los que todavía nos encontramos cuando paseamos por los montes. Al parecer se conciben como espacios sagrados, santuarios o cementerios.

Respecto a sus creencias, dice Paul Ricoeur (1913-2005) que «fue la ignorancia la que inventó a los dioses»... y en sentido histórico tiene razón, pues este hombre, cada vez más consciente del mundo que le rodea, desconcertado por los fenómenos que no entiende, a merced de las fuerzas naturales y sometido a la enfermedad y la muerte, necesita desarrollar creencias que le ayuden a comprender los misterios de la vida y afrontar el sufrimiento y la angustia inherentes a ella, y de esta necesidad nacen las religiones primitivas de carácter animista y los mitos.

El *animismo* es una religión propia de pequeñas sociedades rurales y fruto de la divinización de las fuerzas naturales de las que depende su supervivencia. El animista cree que los espíritus (las almas) viven en todo cuanto existe y lo animan. Todo está vivo, no existe la muerte; la muerte es en realidad la fase invisible de la vida. Albert Samuel (1922-2009), en su libro *Para comprender las religiones en nuestro tiempo* (Verbo Divino 1989), nos aclara que el animismo no es una religión, sino una gran diversidad de religiones primitivas cuyas creencias no son las mismas, pero siguen unas pautas comunes que nos permiten englobarlas en un mismo grupo. A día de hoy, es animista la religión de los esquimales, los pueblos nilóticos, los indios americanos, los maoríes, los bosquimanos, los bantúes y muchos más.

En el animismo, los astros, la Tierra, los animales y vegetales, forman parte de un orden cósmico que los vincula entre sí, pues todos ellos están animados por un mismo espíritu universal que les proporciona una vida digna de respeto que no se detiene con la muerte. En el fondo de toda religión animista se llega a un Dios impersonal, sin historia, inmanente y difuso en la multitud de las cosas. Con frecuencia se asimila a ese espíritu universal, orden universal o principio vital que acabamos de mencionar, pero detrás de él también suele encontrarse un Dios Supremo del que todo procede; un Dios tan lejano que apenas es objeto de culto. A este Dios personal se le sitúa lejos (en la montaña, más allá de la luna y de las estrellas), y como es lejano e invisible, se recurre cotidianamente a sus delegados más accesibles (las deidades secundarias). En general, este Dios preexiste a toda la creación, y de él procede todo cuanto existe; incluido el bien y el mal. Es eterno, todopoderoso, infinito, justiciero y dueño del futuro, es decir, de sus recompensas y castigos.

Cuando un animista adora a un animal, una planta o una piedra, adora en realidad a ese principio vital común a todo lo que existe, es decir, adora a la vida, al orden de las cosas, al Dios difuso que habita en ellas. Cuando invoca al fuego, la lluvia o el viento (para evitar su cólera o conseguir su favor) lo hace porque son fuerzas naturales servidoras del Dios todopoderoso, y no como verdaderos dioses. Rendirles culto no es, en definitiva, más que contribuir al equilibrio universal, porque es la vida lo que merece culto.

La Civilización

La prosperidad que alcanzan los asentamientos neolíticos gracias a las técnicas de regadío, el dominio de la agricultura y el comercio de los excedentes, propician que aquellas sencillas aldeas se vayan convirtiendo en ciudades con palacios de ladrillo, edificios administrativos y grandes templos destinados al culto y los sacrificios. Estas ciudades se organizan en torno a los templos, y en ellas aparecen los primeros signos de urbanismo con planificación de calles, estructuras defensivas y edificios singulares. Están gobernadas por una casta sacerdotal que hace de mediadora entre los dioses y los seres humanos.

El comercio experimenta un gran impulso con el uso del carro tirado por animales y la fabricación de embarcaciones capaces no sólo de navegar por ríos y costas, sino de hacer pequeñas travesías por mar abierto. Las primeras embarcaciones –cayucos de madera– pueden datar de hace 50.000 años, pero es sobre el año 2500 a.C. cuando algunos pueblos como el fenicio son capaces de atravesar el Mediterráneo (la navegación a vela es probablemente introducida por los egipcios). Esta capacidad para navegar es otro factor decisivo en el incremento del comercio y la expansión de las diferentes culturas.

La construcción de carros está ligada a la invención de la rueda, probablemente hacia el año 3500 a.C. en la ciudad sumeria de Uruk. La posterior introducción de radios para unir la llanta al cubo permite construir vehículos más rápidos y ligeros. Mucho más tarde, la inclusión de cintas de hierro envolviendo la llanta, termina de conformar un diseño que prácticamente se ha mantenido hasta el siglo XIX.

El periodo al que nos estamos refiriendo en este punto coincide básicamente con la "Edad del Cobre" o Calcolítico. En principio se utiliza el cobre en su estado natural moldeándolo a base de martillazos y la técnica del batido en frío. Las primeras evidencias de cobre fundido se remontan alrededor del año 6000 a.C. y se localizan en la zona de Mesopotamia-Anatolia.

Hay quien relativiza esta innovación argumentando que tan sólo se trata de un perfeccionamiento de las técnicas aplicadas a la producción de objetos cerámicos, pues es el desarrollo de cerámicas tenaces lo que permite fundir el cobre y mejorar sus aplicaciones. Quizás olvidan que supone el nacimiento de la metalurgia.

No obstante, dado que el cobre es un metal blando, en esta época se utilizan las armas y herramientas de piedra del neolítico, limitando el uso del cobre a vasijas, adornos y complementos. Es probable que los metales sirvan primordialmente para resaltar la posición de los ricos y las clases dirigentes, pues también datan de esta época los primeros objetos hechos de oro y plata obtenidos en su estado natural.

Pero lo que nos mueve a considerar esta época como el principio de la civilización no es de carácter técnico, sino la aparición de sociedades complejas caracterizadas por la especialización artesanal, el incremento del comercio y la estratificación social. Aparecen grupos dedicados en exclusiva a tareas políticas y religiosas (gobernantes y sacerdotes) que se convierten en las élites cuando se jerarquiza la sociedad. Se produce la división y organización del trabajo en oficios y gremios; con especialistas y mano de obra. Los especialistas se sitúan socialmente justo por detrás de la élites, y más atrás quedan los artesanos sin especialización y los agricultores.

Desde el punto de vista de las creencias, son sociedades en general politeístas, con dioses antropomorfos relacionados entre sí y en posesión cada uno de poderes específicos. Estos dioses tienen las mismas virtudes y defectos que los humanos, pero son inmortales, gozan de un poder sin límites, están disputando permanentemente entre sí y despiertan un gran temor entre los hombres (que han sido creados para servirles). Los dioses son gente peligrosa, poco de fiar, a la que hay que halagar o aplacar a través de las ofrendas rituales. Pero más importante que sus aventuras, es que estos dioses suelen ser los protagonistas de los mitos que permiten al ser humano situarse en el mundo.

Los *mitos* gozan de muy poco prestigio vistos desde nuestra cultura ilustrada y siempre que nos referimos a ellos lo hacemos en tono despectivo, pero la realidad es que los mitos ofrecen a sus individuos respuestas a todas sus necesidades materiales, intelectuales, sociales, afectivas, éticas, axiológicas y existenciales, dando así sentido tanto a su vida como a su muerte. Los mitos pueden estar protagonizados por los dioses o ser simples leyendas que ayudan a interpretar el mundo, pero en ambos casos encierran gran riqueza simbólica. Pueden también ser meros elementos sueltos dentro de una religión o constituir su base.

En este segundo caso, los mitos ofrecen un significado global de la existencia, integran el conocimiento existente, estructuran la sociedad definiendo el papel en ella de cada uno, establecen las normas de conducta a nivel político y social, ayudan a superar el sufrimiento, el miedo y la angustia provocada por la inexorabilidad de la muerte, proporcionan criterios para entender la esencia y la procedencia del bien y del mal, y proponen unos modelos a imitar en torno a los cuales se articula su conducta individual y colectiva.

Sumeria

No es posible hablar de civilización sin referirse a Sumeria, porque Sumeria es una adelantada a su tiempo y está considerada la cuna de la civilización occidental. Allí se inicia la "Edad del Bronce" sobre el año 3500-3000 a.C. cuando logran alear el cobre con el estaño dando lugar al bronce. El bronce es más duro que el cobre, lo que supone un gran impulso a la construcción de armas, útiles agrícolas y piezas para la construcción. También inventan el molino de viento y el torno de alfarero que permite fabricar piezas cerámicas más perfectas.

Se establecen los fundamentos de la astronomía y las matemáticas. Se adopta el sistema sexagesimal para la medición del tiempo, de forma que el año queda dividido en doce ciclos lunares y cada ciclo dividido en 28 días (para compensar la diferencia se añade un mes cada cuatro años). Siguiendo estas pautas, siglos más tarde los babilonios fraccionan el día en 24 horas y la hora en sesenta minutos.

Pero lo más relevante de la cultura sumeria es que en esta época desarrollan el primer sistema de escritura que puede considerarse como tal; la escritura cuneiforme. Esta escritura comienza siendo analógica y termina incorporando símbolos con valor fonético-silábico que le dan mayor versatilidad. En un principio sirve para llevar la contabilidad de las transacciones comerciales, pero más tarde se aplica al desarrollo científico y la literatura. En literatura destaca la *Epopeya de Gilgamesh,* datada sobre el 3000 a.c. Esta fecha es especialmente relevante teniendo en cuenta que el primer texto de la Biblia hebrea (el cántico de Miriam) está escrito sobre el año 1250 a.c., y la Odisea griega sobre el 700 a.c.

Debemos mencionar que paralelamente a la escritura cuneiforme de los sumerios (y más tarde de los acadios), se desarrolla en Egipto la escritura jeroglífica que se basa en logogramas, símbolos figurativos y signos consonánticos

La escritura alfabética

La escritura alfabética surge en la "Edad del Hierro", a la que vamos a dedicar una breve reseña. En Oriente próximo y Europa oriental, la transición del bronce al hierro se produce a partir de los años 1200-1100 a.c., mientras que en Europa septentrional se retrasa hasta los años 600-500 a.c.

En un principio se obtiene un hierro blando y poco apto para la construcción de armas y herramientas, por lo que inicialmente su uso se limita a la fabricación de adornos para las clases acomodadas. Solo cuando se perfeccionan las técnicas metalúrgicas y mejoran sus propiedades físicas, el hierro sustituye al bronce y el uso de este último pasa a ser ornamental. La supremacía de los ejércitos equipados con armas de hierro comienza a ser patente, y su tecnología resulta crucial para entender la consolidación y expansión de imperios como el Hitita.

La Edad del Hierro dura hasta que los sucesos y costumbres de estos pueblos comienzan a recogerse más o menos sistemáticamente por medio de la escritura, dando paso así al periodo histórico al que llamamos "Historia".

Volviendo a la escritura, hemos dicho que desde el cuarto milenio a.c. existen sistemas de escritura avanzados en Sumeria y en Egipto. En realidad desde el séptimo milenio a.c. se utilizan sistemas gráficos simbólicos que podrían calificarse de protoescritura, ya que transmiten información aunque carecen de los elementos lingüísticos propios de la escritura propiamente dicha. Las primeras escrituras se denominan sintéticas, pues se componen de pocos signos que expresan ideas o frases completas. A ellas les siguen las escrituras analógicas que expresan palabras, y finalmente las escrituras fonéticas que expresan sonidos. En este último contexto se desarrolla la escritura alfabética basada en una veintena de símbolos a los que llamamos letras.

El primer alfabeto conocido es el egipcio, en el que se han inspirado todos los alfabetos posteriores. Lo curioso es que los primeros indicios de escritura alfabética no se encuentran en círculos cultos de la culta Egipto, sino que apuntan a los esclavos hebreos en Egipto y se remontan el año 1600 a.C.

Según algunos especialistas, muchos años después los fenicios también toman su alfabeto de los hebreos que ya se han asentado en Canaán (Palestina). Este alfabeto (el alfabeto fenicio) se divide en dos ramas: el arameo (solo consonantes) y el griego (vocales y consonantes). Del alfabeto griego proceden todos los alfabetos de Europa. Finalmente son los etruscos los que desarrollan el alfabeto latino con base en el griego.

Respecto al soporte de la escritura, en principio se utilizan tablillas de arcilla, piedra, vasijas u otros objetos, aunque se tiene constancia de que desde muy antiguo se utilizan papiros en Egipto (los más antiguos pueden tener una antigüedad de 4.500 años). Sobre el 1500 a.c. se inventa el pergamino en la ciudad griega de Pérgamo, y se cree que en el año 200 a.c. el pergamino termina por desplazar al papiro. Sobre el año 150 d.c. los chinos inventan el papel.

Las grandes religiones orientales

Desde tiempos remotos la religión se constituye como elemento fundamental en la vida de los seres humanos. De hecho, no se conoce ninguna cultura en la que no esté presente el hecho religioso, lo que nos mueve a pensar que la religión no es algo adjetivo al ser humano, sino sustantivo.

Ya hemos hablado de las religiones primitivas; animistas en los ambientes rurales y politeístas en las ciudades. Pero en la Edad del Bronce comienzan a configurarse las grandes religiones que han perdurado hasta nuestros días, como el hinduismo que nace en la India sobre el siglo XXX a.c. con clara ascendencia animista, y el budismo que surge en Nepal en el siglo VI a.c., quizá como derivación del hinduismo.

De menor relevancia para nosotros son otras religiones (o sistemas filosóficos) surgidas en el extremo Oriente como el confucianismo, el taoísmo y el sintoísmo. La predicación de Kong Fuzi (Confucio) da lugar en el siglo VI a.c. al *confucianismo* en China; una doctrina moral eudemonista basada en la práctica de la virtud con el fin de conciliar la realización personal con el orden social. También en China se desarrolla una filosofía espiritual denominada *taoísmo*, que está basada en la existencia de dos fuerzas, Yin y Yang (una activa y otra pasiva), que parecen contradecirse entre sí, pero que se complementan. Su principal impulsor es Lao Tse que vive en el siglo VI a.c. El *sintoísmo* nace en Japón en el siglo IV a.c. y tiene una clara ascendencia animista. Se basa en la veneración de los espíritus que animan todos los elementos de la Naturaleza a los que llaman *"Kami"*.

El hinduismo (la armonía universal)

A partir del año 3000 a.c. se va configurando la primera gran religión que ha llegado hasta nuestros días, el hinduismo. El hinduismo es una religión muy compleja, de una gran riqueza filosófica y moral, que sería imposible siquiera esbozar aquí en sus infinitos matices, por lo que nos vamos a limitar a lo que consideramos básico.

En un principio el hinduismo es una religión confusa desarrollada en la India como crisol de cultos autóctonos y concepciones llegadas de Irán. Su base es el animismo profundo, con una concepción cíclica del tiempo y la metamorfosis de la vida. El elemento más significativo de esta tradición es le creencia en la reencarnación.

La vida del hinduista gira alrededor de los siguientes elementos: el *"Brahman"*, o Alma Universal; el *"Atman"*, o porción del Brahman que constituye el alma individual de cada persona; el *"Dahrma"*, o funcionamiento armónico de un Universo en equilibrio y la obligación moral de mantenerlo; y el *"Karma"*, o fuerza dinámica fruto del balance de buenas y malas acciones de cada uno.

El alma individual está prisionera del cuerpo y ansía fundirse con el Alma Universal de la que procede. Mientras el karma permanece pesado por las malas acciones, el alma individual sigue sometida al ciclo de reencarnaciones (sámsara), pero cuando el karma se aligera, finaliza su vida samsárica y se funde definitivamente con el Alma Universal. El yoga es el mejor medio para lograr que finalice el ciclo samsárico, porque a través del yoga se logra el equilibrio interior que propicia la armonía con los demás y con la Naturaleza. Las castas no son estratos sociales, sino escalones a superar en el camino hacia la cesación del sámsara a través de las reencarnaciones.

No existe una misma fe que pueda expresarse en un credo común, ni normas que definan lo que los fieles deben creer. Tampoco se trata de la aceptación de la palabra de un fundador o la adhesión a una persona, pues los sabios que reciben la revelación de los dioses permanecen en el anonimato. El hinduismo se caracteriza por la tolerancia; por la aceptación de multitud de caminos para conocer y alcanzar la verdad. Sin esta premisa, es muy difícil de entender.

No es fácil hablar de los dioses en el hinduismo, porque para los hinduistas no son los dioses los que crean al hombre, sino que es la devoción y el culto de los hombres lo que crea a los dioses. Respecto a su cosmogonía, en el hinduismo Dios no significa "El creador de todas las cosas", el todopoderoso, pues lo que existe desde siempre es el orden de las cosas; el principio vital que todo lo anima. Este principio vital es el Brahman, una energía neutra, indestructible e imperecedera, que unifica las partes dispersas del universo, establece sus leyes y alimenta todos los fenómenos que acontecen en el cosmos.

El budismo (el desprendimiento universal)

Aunque el budismo no puede ser entendido como una religión propiamente dicha, pues empieza por proclamar que Dios es una ilusión, nos parece oportuno integrarlo bajo el mismo epígrafe que el hinduismo. Es posible que naciera simplemente como evolución

de una secta hindú, pero también es posible que tuviese un fundador, Siddhartha Gautama (560-480 a.c.), un joven príncipe de los
confines del Nepal que se retira al bosque a los veintinueve años
a meditar sobre el sufrimiento y la muerte y logra la iluminación
reveladora.

El budismo tiene unos contornos poco definidos y elementos
comunes con el hinduismo, el confucianismo y el taoísmo. No
está estructurado en una institución y carece de fronteras dogmá-
ticas. Podríamos más bien considerarlo un tratado de sabiduría
derivado del hinduismo, pero mucho menos ritualista.

El credo budista no es un credo en Dios ni una verdad revelada, sino una verdad humana para librarnos del sufrimiento.
Este credo proclama que todo es apariencia; que el sufrimiento
es la única realidad de este mundo, pero que puede ser superado
cambiando el corazón, es decir, vaciándolo de todo deseo y toda
ilusión. El despertar budista consiste en salir de la ignorancia e
iniciar el camino del conocimiento de sí mismo; de la sabiduría
profunda que lleva a la liberación de todo apego a nuestras ilusio-
nes y deseos vanos.

La doctrina budista se basa en las cuatro nobles verdades pro-
clamadas por Buda. La primera afirma que el "yo" no existe más
que por nuestro apego a esta apariencia de ser; que la única realidad es el sufrimiento. La segunda es que todo apego es sufrimiento; estamos en el sufrimiento porque deseamos retener los placeres
vanos de una vida que no es nada. La tercera afirma que el remedio a este sufrimiento es el desprendimiento universal, incluido el
deseo de vivir. La cuarta es que existe un noble camino óctuple
que nos lleva a la cesación del sufrimiento.

Tras el desprendimiento y la práctica de las ocho virtudes (fe
pura, voluntad pura, lenguaje puro, acción pura, aplicación pura,
existencia pura, memoria pura) se llega a la meditación pura, la
"Dhyana", donde el fiel se olvida de sí mismo y obtiene un espíritu

de benevolencia universal. Es entonces cuando adquiere la impasible serenidad de la liberación.

Esta purificación absoluta solo puede alcanzarse por algunas personas selectas, y el medio más usado es el yoga. Su largo recorrido puede ocupar varias vidas, y solo al final se llega al *"nirvana"*, es decir, la paz total más allá de la pena y el gozo. El nirvana lo alcanza el hombre que al no alimentar el fuego de sus deseos se apaga definitivamente; se extingue; se libera de la necesidad de renacer. Es la suprema serenidad; un estado inimaginable de inconsciencia absoluta y de no-ser.

Cabe resaltar que como los budistas no creen en la existencia del alma, hablan de "renacimientos" en lugar de las "reencarnaciones" propias de los hinduistas.

Los hebreos. El judaísmo

El pueblo hebreo tiene su origen en Mesopotamia cuando hacia el año 1800 a.c. se producen movimientos migratorios de pueblos arameos. Los clanes que se habían asentado en Hebrón (Canaán) se ven acuciados por la falta de pastos en una época de sequía, emigran al delta del Nilo y posiblemente son sometidos a esclavitud. Hacia 1250 a.c. algunos de ellos logran escapar, salen de Egipto, viven muchos años en el desierto, invaden la tierra de Canaán y forman una nación dividida en dos reinos. En el año 732 a.C., el reino del Norte, Israel, es invadido por los Asirios y sus dirigentes deportados a Nínive. En 578 a.C., el reino del Sur, Judá, es invadido por los babilonios y el pueblo deportado a Babilonia... Pero empecemos por el principio.

Abraham vive en Jarán (territorio cercano a Siria al norte de Mesopotamia) y allí recibe la llamada de Yahvé: «Sal de tu tierra y haré de ti una nación grande». Abraham sale con toda su tribu hacia territorio de Canaán, se establece en Hebrón y da origen al pueblo hebreo; un pueblo apegado a sus tradiciones que inicialmente las transmite oralmente de generación en generación, y que después las recoge por escrito. Esta tarea de recopilación es obra de los sacerdotes que recogen las fuentes dispersas para darles unidad, y se produce cuando se asientan de nuevo en Canaán tras su cautiverio en Egipto. No obstante, el mayor impulso del proceso de recopilación se produce en el destierro de Babilonia (587 a.C.). A partir de entonces, y a lo largo de varios siglos, se va completando el canon de escrituras sagradas que llamamos Biblia.

Pero estos cronistas no se conforman con recoger las tradiciones de Israel, sino que las amplifican y componen una epopeya que plasman en libros. Lo más notable de ellos es que son libros escritos desde la fe, puesto que es Dios el protagonista de la historia de Israel.

El bloque más importante es el *Pentateuco*, formado por cinco libros que narran la epopeya de Israel: "Génesis" (la creación y los patriarcas), "Éxodo" (Huida de Egipto y tablas de la Ley), "Levítico" (organización del culto y códigos de leyes), "Números" (prescripciones y travesía del desierto) y "Deuteronomio" (discursos y llegada a las puertas de la tierra prometida).

El planteamiento esencial de la Biblia es que Dios sella una alianza con Israel por la que Él se compromete a tenerlo por "su pueblo", e Israel se compromete a guardar la Ley que el propio Dios le da. Dios entrega su Ley a Moisés (el libertador y legislador de Israel) en la cumbre del Sinaí sumido en el ambiente formidable con el que los cronistas describen la presencia de Dios. La Ley es un conjunto de preceptos destinados a liberar a su pueblo de la esclavitud, la ignorancia y las pasiones, y por eso Israel la entiende no sólo como una imposición del Señor, sino también como el mayor de sus dones.

El Dios de los judíos es esencialmente Uno. También es Creador y Todopoderoso. Ante Yahvé, todos los demás dioses pasan a la categoría de ídolos. Es Juez de vivos y muertos. Recompensa a los que le temen; nada les falta a los que buscan a Yahvé, pero castiga la falta de los padres en los hijos y en los hijos de los hijos. Para los judíos que no creen en la vida después de la muerte, los premios y castigos se producen en esta vida, pero, para el resto, lo hace en esta vida y en la vida eterna.

La religiosidad oficial se basa en la venida de un Mesías de la estirpe de David que devolverá a Israel su antiguo esplendor. A este Mesías anunciado por los profetas hay que esperarlo aunque tarde, pues va a ser él quien se imponga a todos los reyes de la Tierra y someta a sus pueblos a la disciplina del templo de Jerusalén.

Pero ésa es sólo la religiosidad "oficial", porque hay una fracción del pueblo que tiene una concepción mucho más elevada de Dios, y lo presenta como «el que levanta a los humildes», «el Padre de los huérfanos», «el Protector de las viudas», «el que quiere la felicidad de su pueblo», «el buen Pastor», «lento a la cólera y rico en perdón» e incluso, «nuestro Padre». A esta fracción se refiere la Biblia como "el resto de Israel".

El lugar de culto por excelencia es el Templo de Jerusalén, donde se ofrecen sacrificios a Yahvé. Fuera de Jerusalén, el culto se celebra en las sinagogas. En el Templo ofician los sacerdotes, en las sinagogas, los escribas. El primer Templo es construido en el 971 a.C. por Salomón en el monte Moriah. Tras su destrucción por los babilonios en el 587 a.C., es levantado austeramente por Zorobabel, y finalmente reconstruido fastuosamente por Herodes el Grande pocos años antes del nacimiento de Jesús de Nazaret.

El fundamento de la moral judaica es el Decálogo:

No tendrás más Dios que a Yahvé. No te harás imágenes talladas ni te postrarás ante ellas... No tomarás el nombre de Yahvé, tu Dios, para engañar. Acuérdate del día del sábado para santificarlo porque el día séptimo pertenece a Yahvé, tu Dios. Honrarás a tu padre y a tu madre para que se prolonguen sus días. No cometerás homicidio. No cometerás adulterio. No robarás. No darás falso testimonio contra tu compañero. No desearás la casa de tu compañero, ni su mujer, ni su siervo...

Conviene aclarar que además del decálogo existen multitud de prescripciones (613) relativas a la vida diaria, la alimentación, el matrimonio, las purificaciones... Los fieles más estrictos, los fariseos, se sienten ufanos de cumplir hasta el último de ellos de la forma más meticulosa.

Los griegos. La filosofía

Durante la Edad del Bronce y la Edad del Hierro, los pueblos que habitan Persia, Mesopotamia, Anatolia, el Levante, Arabia y Egipto, es decir, medos, persas, elamitas, guti, sumerios, acadios, asirios, amorreos, arameos, caldeos, hurritas, hititas, fenicios, hicsos, hebreos y egipcios, están en guerra permanente y los imperios se levantan y caen aniquilados sin cesar. Son de destacar los imperios acadio, asirio, sumerio, babilonio y persa. Egipto participa de esta misma dinámica y lleva a cabo conquistas que llegan a Siria, pero es también conquistado por hicsos, asirios, persas, griegos y romanos.

En esta época (y su prolongación en la Edad Antigua) se consolidan las tendencias que se habían estado fraguando a lo largo de milenios. Las antiguas ciudades-estado se convierten en urbes dentro de nuevos estados de amplio territorio o de imperios plurinacionales. Los reyezuelos locales se convierten en reyes o emperadores de gran poder que moran en palacios suntuosos y exigen trabajo e impuestos para acometer grandes proyectos. Las sociedades se estratifican, y se potencian las clases sociales. Los cultos religiosos cristalizan definitivamente en las grandes religiones... La cultura grecorromana acuña nuevos conceptos como "democracia", "libertad personal" o "ciudadanía".

En el límite occidental de este gran escenario encontramos un pequeño pueblo que está constantemente guerreando con sus vecinos y con sus invasores, pero que, aun así, contribuye de forma decisiva al desarrollo de ese *espíritu universal* al que nos estamos refiriendo. Allí tienen su origen las olimpíadas, el teatro, la gramática, las matemáticas, la política, la filosofía, la democracia, la astronomía, las ciencias naturales, la oratoria... No es fácil encontrar algo que no empezara en Grecia.

También es difícil de entender que los ciudadanos de aquellas ciudades estado pequeñas y mal avenidas realizasen semejante milagro, y quizá debamos pensar que los griegos tenían una diferencia congénita con los demás pueblos. Cuando un egipcio o un babilonio abría la boca, era casi siempre para decir "Amén" a las explicaciones que le llegan desde arriba. Cuando un griego abría la boca solía decir "¿Por qué?", y además casi nadie sabía por qué.

El resultado es que en Grecia se desarrolla la primera matemática deductiva, es decir, el uso de la lógica para obtener conclusiones a partir de definiciones y axiomas. Entre sus logros más destacados están los cálculos geométricos, el teorema de Pitágoras, los números irracionales, la exhaución (precursora de la integración), la definición de la espiral y la lógica. Sus máximos exponentes son Pitágoras, Euclides, Arquímedes y Tales de Mileto.

Entre sus desarrollos prácticos más destacados podemos mencionar el tornillo de Arquímedes (287-212 a.C.) para bombear agua, el motor a vapor ideado por Herón de Alejandría (10-70), los molinos eólicos e hidráulicos, las grandes cúpulas para cubrir amplios espacios... Cabe mencionar también un raro mecanismo hallado en Anticitera que recuerda una computadora mecánica analógica antigua.

Pero lo más relevante para el objeto de esta reflexión es que tras los mitos surge en Grecia la filosofía. Hacia el año 600 a.c., los primeros filósofos empiezan a buscar explicación racional a los fenómenos que hasta ese momento eran incomprensibles fuera del mito, y para ello comienzan a estudiar los procesos naturales valiéndose de la observación y la razón. Se les denomina *filósofos de la Naturaleza*, porque centran su actividad en el estudio de la composición y el comportamiento de las cosas. Están movidos por la curiosidad y en ningún momento se plantean obtener ventaja práctica alguna de su conocimiento.

Tratan de dar sentido a la pluralidad. Buscan lo permanente e inmutable a pesar de los cambios que observan en la Naturaleza y terminan poniendo las bases de la ciencia; es decir, acaban buscando las leyes universales que expliquen los fenómenos particulares. Centran la búsqueda del origen del cosmos en una única materia de la que todo haya surgido, pero se encuentran con la tozuda evidencia de la diversidad y los cambios. Veamos algunas de sus opiniones.

Tales de Mileto (625-547 a.c.) identifica el agua con el principio del que todo procede y lo llama *"Physis"*. Demócrito de Abdera (460-370 a.c.) intuye el átomo y lo define como una pieza pequeña, indivisible y eterna. Entre estos filósofos los hay materialistas, como Demócrito que considera que no hay nada que no tenga una naturaleza material, y los hay que comienzan a centrar su pensamiento en alguna realidad que trasciende a nuestros sentidos. Esa realidad es inengendrada, ilimitada, e imperecedera, tiene naturaleza intelectual y se halla impresa en todas las cosas. Anaximandro de Mileto (610-546 a.C.) la llama *"Ápeiron"*, Heráclito de Éfeso (535-475 a.C.), *"Logos"*, Anaxágoras (500-428 a.C.), *"Nous"* …

Esta primera generación de filósofos queda en cierto modo superada por otra conocida bajo el nombre de **Pitagóricos**, que centran la reflexión filosófica en el ser humano. *Pitágoras de Samos* (569-475 a.c.) afirma que la esencia de la Naturaleza es de carácter matemático, y propugna la existencia de un Dios único que mantiene el mundo unido en justicia. Los pitagóricos forman un movimiento liderado por Pitágoras en el que se integran astrónomos, músicos, matemáticos y filósofos, y que están interesados tanto por la ciencia como por el destino del alma. Algunos creen que su escuela es en realidad una religión mistérica definida por el modo de vivir de sus miembros.

Desarrollan unos "preceptos de felicidad" que están concebidos para potenciar la dimensión espiritual de los seres humanos, o dicho de otro modo, que tienen por objeto superar las servidumbres a que nos somete el cuerpo mortal. Su contenido se resume en los siguientes puntos:

Honra a tus padres. Hazte amigo de los virtuosos. No guardes rencor a tus amigos. Domina los arranques de tus apetitos y tu ira. No cometas ninguna acción vergonzosa. Practica la justicia en palabras y obras. No te apegues a las riquezas pues no te van a acompañar en el momento de la muerte. Soporta los sufrimientos sin indignación. No te dejes embaucar por nadie. Reflexiona antes de obrar. No entres en asuntos que ignoras. No descuides tu salud; ten moderación al comer y al beber. Acostúmbrate a una vida sana, sin molicie. No seas disipado en tus gastos, pero no dejes de ser generoso. Repasa lo que has hecho cada día antes de ir a dormir...

Casi paralelamente, aparece Parménides de Elea (504-450 a.C.), considerado por algunos como el auténtico fundador de la metafísica occidental. En su única obra, *Sobre la Naturaleza*, caracteriza a un oscuro personaje, "el Ser", como algo único, inmutable, eterno e indivisible, lo que parece mostrar una concepción panteísta del universo. Añade que el *Ser* es enteramente ahora, que vive un eterno presente, y que para él no hay pasado ni futuro pues para él no existe el tiempo. Identifica el pensar con el ser. A los seguidores de su línea filosófica se les llama **Eleáticos**, y su influjo se prolonga hasta nuestros días.

En la Grecia clásica la concepción del ser humano es en general dualista, cuerpo y alma, pero debemos aclarar que el alma es la *"psique"*, es decir, la fuerza vital unida al cuerpo en vida y separada de éste tras su muerte. La psique es también la sede de la inteligencia, y es considerada como el elemento básico y más perfecto del hombre. Algunos, como Platón, consideran el alma inmortal.

La consolidación definitiva de esta línea de pensamiento se da en la **Escuela Ateniense** de la mano de las tres grandes figuras del pensamiento griego: Sócrates, Platón y Aristóteles. Estos filósofos profundizan en la esencia de la condición humana, abordan cuestiones de carácter moral, buscan el camino del bien, de la virtud y la verdad, y analizan la naturaleza del mal, la felicidad y la libertad.

Sócrates (469-399 a.C.) dedica su vida a la formación de personas de bien. Lo hace a través de conversaciones en las que aboca a sus interlocutores a descubrir la verdad por ellos mismos, para que conociéndose mejor aprendan a vivir (mayéutica). Pero su método, que consiste en confundir al interlocutor con preguntas irónicas, le acarrea muchos enemigos y acaba condenado a muerte y autoejecutado.

No deja nada escrito, pero a través de su discípulo, Platón, sabemos que es un filósofo preocupado por encontrar el sentido profundo de la vida. Formula una nueva teoría sobre la felicidad humana, según la cual, la felicidad se logra «al seguir la reglas básicas y eternas de lo que es bueno y lo que es malo». Afirma que «no existe felicidad sin virtud; pues la virtud es condición necesaria y suficiente para ser feliz». Añade que «lo único que hace falta para hacer personas virtuosas, es enseñarles en qué consiste la virtud verdadera, pues quien sabe lo que es correcto, también hará lo correcto», porque la virtud es conocimiento y el vicio ignorancia.

Platón de Egina (427-347 a.c.) es discípulo de Sócrates. Está de acuerdo con Demócrito cuando éste afirma que todo está compuesto de átomos, pero discrepa de él cuando añade que los átomos se unen por azar para formar las cosas. Platón prefiere pensar que el universo es obra de un Demiurgo que pone orden en el caos inicial basándose en unos Modelos Ideales que existen en el "mundo de las Ideas"; un mundo eterno, inmutable y morada de Dios al que sólo podemos acceder a través de la razón, porque la razón es eterna. Lo que percibimos a través de los sentidos es un mundo de mera apariencia; simples sombras o reflejos del mundo real que es el mundo de las Ideas. Platón se sirve de los mitos para formular su filosofía, y esta idea la expresa en el mito de "la caverna". También merece mención el mito del "carro alado" que nos presenta el alma humana sometida a fuerzas contrapuestas y arrojada a este mundo del que ansía escapar.

Platón identifica el bien con la divinidad; con Dios. Por eso afirma que «obramos racionalmente cuando buscamos el bien». Añade que «para que el hombre pueda alcanzar la felicidad es necesario que se identifique con Dios practicando la virtud». La falta de virtud no supone perversión, sino desconocimiento y error, pues cuando alguien opta por el mal, lo hace creyendo que su conducta es conveniente, ya que nadie opta por el mal a sabiendas.

Aristóteles de Estagira (384-322 a.C.) es el tercero de los filósofos atenienses; teórico discípulo del anterior, aunque distanciado de sus posiciones idealistas. Para Aristóteles, no existe nada en la mente que no haya estado antes en los sentidos; el conocimiento comienza en los sentidos aunque sus percepciones son asimiladas por el intelecto para generar el *"concepto"* o conocimiento suprasensible.

Aristóteles es un filósofo eudemonista que considera la felicidad como fin último del ser humano. El hombre será feliz si desarrolla de forma equilibrada todas sus capacidades y posibilidades, pero sin olvidar que:

> *Es más propio del hombre el alma que el cuerpo, por lo que la felicidad humana tendrá que ver más con la actividad del alma que con la del cuerpo. Y dentro de las actividades del alma, con aquella que corresponde a la parte más típicamente humana; el alma intelectiva o racional.*

Pero, desde un punto de vista más realista, también acepta que para ser feliz es necesaria una cierta cantidad de bienes exteriores, placeres y diversiones. Tampoco desdeña la "felicidad social", o satisfacción de vivir como un ciudadano respetable y respetado. A este último tipo de felicidad le da un rango intermedio entre la actividad intelectual y los placeres externos. Aristóteles también vincula la felicidad con la virtud, y respecto a esta última, la sitúa en el justo medio: ni cobarde ni temerario, ni tacaño ni pródigo, ni comilón ni inapetente…

Tras esta época, marcada por el pensamiento de Sócrates, Platón y Aristóteles, se abre un largo periodo denominado **Helenismo** caracterizado por la apertura de fronteras, la mezcla de culturas, la buena disposición de la gente para asumir nuevos conceptos y nuevas ideas, y el florecimiento de las artes y las ciencias. Durante este tiempo muchas personas se muestran interesadas en lograr su realización personal, y en este ambiente las religiones se muestran menos rituales y más volcadas en la búsqueda del sentido de la vida. Los filósofos helenistas se caracterizan por plantear con reiteración dos grandes interrogantes universales: "en qué consiste la felicidad" y "cómo podemos conseguirla".

Los *cínicos* (con Antístenes como promotor y Diógenes como figura más universal) afirman que la felicidad es asequible a todas las personas, pues no depende de las cosas externas –como dinero, poder o salud–. *Los estoicos* (entre los que se cuentan Cicerón y Séneca), proclaman que la felicidad sólo está al alcance de los sabios capaces de liberarse de las pasiones y adaptarse a la Naturaleza, porque los procesos naturales son inexorables y es absurdo tratar de contenerlos.

Los epicúreos buscan la felicidad a través del placer. Su fundador, Arístipo, proclama que «el mayor bien es el deseo, y el mayor mal, el dolor», aunque quien da nombre a esta corriente, Epicuro, no circunscribe el placer a lo sensual, e incluye la amistad, la contemplación del arte, el autodominio y la moderación. Finalmente está el neoplatonismo, o *misticismo alejandrino*, en el que la búsqueda de la felicidad se centra en la unión íntima con Dios en lo más profundo de cada uno. Esta unión se realiza en el ámbito del mundo de las Ideas de Platón.

Comienza la historia (el dominio de la escritura)

Poco a poco, de manera paulatina, los distintos pueblos de la Tierra comienzan a dominar el arte de la escritura y plasman en documentos sus leyendas, creencias, acontecimientos, códigos y otros escritos fruto de su cultura. Hemos dicho que a este nuevo periodo histórico lo llamamos "Historia", y si nos referimos a la Europa civilizada, los especialistas sitúan su comienzo sobre el año 700 a.C. en los países helénicos, y cien o doscientos años después en el resto de la Europa meridional. La primera etapa de la Historia es la "Edad Antigua", que está marcada por la sabiduría de los griegos y la capacidad de los romanos para llevar la cultura y las técnicas de todo tipo a los confines del imperio.

Los romanos. La cultura grecorromana

Cuando un pueblo conquista a otro, es habitual que el conquistador imponga su cultura y sus costumbres al conquistado, pero en este caso se da la circunstancia de que cuando Roma conquista Grecia, asimila su cultura (incluida una buena parte de su vocabulario), la complementa y la transmite por todo el mundo. Nace así la "cultura clásica" o "cultura grecorromana" que marca el futuro de Europa.

El helenismo, del que ya nos hemos ocupado en otro capítulo, tiene gran influencia en la cultura romana, principalmente desde finales de la etapa clásica griega (130 a.c.) hasta Marco Aurelio (180 d.c.). De este modo surgen en Roma grandes figuras de la filosofía como Cicerón (106-43 a.c.), Séneca (4-65), Epicteto (55-135) y Marco Aurelio (121-180)... También aparecen importantes escritores como Lucrecio (99-55 a.c.), Virgilio (70-19 a.c.), Horacio (65-8 a.c.) y Ovidio (43 a.c.-17).

Los romanos son grandes astrónomos y comienzan a basarse en el movimiento del sol para medir el tiempo. Establecen el calendario juliano de 365 días con bisiestos cada cuatro años. Quizá no se caractericen por hacer innovaciones radicales como sus vecinos griegos, pero se apoyan en el conocimiento existente para desarrollar tecnologías tan depuradas que a veces han llegado hasta nosotros. Incluso se da la circunstancia de que algunas de ellas se pierden en la Edad Media y no se reinventan hasta tiempos recientes.

Son grandes constructores. Inventan el hormigón, con el que realizan obras singulares basadas en las buenas prestaciones de este material. Podemos destacar la bóveda del panteón de Agripa (que ha llegado hasta nosotros en forma de iglesia), los numerosos anfiteatros, arcos monumentales, criptas, fuentes, baños públicos y edificios de varios pisos.

En obra pública, debemos resaltar las calzadas romanas que articulan el imperio de Norte a Sur y de Este a Oeste, los puentes de piedra, los acueductos, los túneles bajo macizos rocosos y los alcantarillados. Referente a la salud, fundan los primeros hospitales con técnicas que recuerdan las actuales; incluidas la anestesia y la cirugía. También desarrollan la alquimia a partir del siglo II. Su alto dominio del hierro propicia avances notables en la construcción de maquinaria agrícola, ingenios militares y civiles, maquinas textiles, y en general, en todos los campos de la economía.

4

El cristianismo (Amar y servir)

Al inicio de nuestra era nace Jesús en Palestina, y este hecho tiene una influencia trascendental para la configuración de la cultura y las creencias de occidente. Hasta los treinta años Jesús permanece en Nazaret dedicado al oficio de artesano, y es entonces cuando siente la llamada de Dios y responde a ella acudiendo a orillas del Jordán al encuentro de un gran profeta, Juan el Bautista, que predica allí la salvación y bautiza en sus aguas. Del Jordán se dirige al desierto de Judea donde permanece cuarenta días sometido a tentación. Finalizada esta etapa, se lanza a los caminos de Galilea a predicar la buena Noticia acompañado de sus primeros seguidores.

El pueblo le sigue entusiasmado hasta el punto de que muchos le consideran el Mesías que esperaban, pero su enfrentamiento con las autoridades religiosas y civiles culmina en Jerusalén con su muerte en cruz. Tras ella, sus seguidores afirman, y apuestan su vida a ello, que le han visto vivo después de su muerte y que han recibido de su boca la misión de ir por el mundo a completar su obra. Nace así una nueva religión caracterizada por la fraternidad y el servicio que pronto se conoce como "cristianismo". Sus fieles son perseguidos tanto por los judíos como por los romanos, pero forman comunidades fértiles, contagiosas, que no dejan de crecer y que se han prolongado hasta nuestros días.

Los hechos y dichos de Jesús se recogen en cuatro evangelios canónicos (Mateo, Marcos, Lucas y Juan). Estos evangelios se escriben en época tardía, pero son el fruto de la recopilación de fuentes escritas que circulan entre sus seguidores desde muy poco después de su muerte. Para entender los rasgos principales de esta religión vamos a ocuparnos primero de su concepción de *Dios*, luego de su concepción del *ser humano* y finalmente de la índole del *Reino* al que Jesús dedicó su vida.

La buena Noticia que proclama el evangelio es que en Jesús hemos visto a Dios y es mucho mejor de lo que nadie había sido capaz de imaginar. Con Jesús, Dios deja de ser el juez justo de los judíos para convertirse en *"Abbá"*, que es el término con el que los niños pequeños se dirigen a su padre; la forma más cariñosa de relación entre ellos.

La teología de Jesús está recogida en sus parábolas; relatos sencillos dirigidos a gente sencilla a través de los cuales habla de Dios como jamás nadie lo había hecho. Para Jesús, Dios es como un padre, pero también como el médico que atiende a los enfermos; como el sembrador que esparce la semilla del Reino a voleo para que llegue a todos los rincones; como el buen pastor que conoce a sus ovejas…

Para referirse a Dios, el hombre ha hablado siempre de legislador, de retribuidor, de juez… Jesús habla de semilla, de levadura, de médico, de pastor. Si alguien quiere imaginar a Dios, debe pensar más bien en un campesino que siembra, en un médico que sana, en un pastor preocupado por su rebaño, en una mujer feliz de encontrar su moneda, en un padre que se vuelve loco de alegría al recuperar al impresentable de su hijo que vuelve a casa lleno de miseria…

El evangelio lleva implícita otra enseñanza trascendental: no es la razón la que descubre o se inventa a Dios, sino que el ser humano lo busca porque su naturaleza lo necesita… y lo encuentra porque Él le sale al encuentro. Para los cristianos, ese lugar de encuentro entre Dios y el hombre es Jesús. Dios se manifiesta en Jesús, un hombre. Dicho de otro modo, en un ser humano, Jesús de Nazaret, el cristiano ve a Dios.

Junto a su concepción revolucionaria de Dios, lo más característico de Jesús es su concepción del ser humano. El hombre es esencialmente Hijo y Heredero, y eso lo cambia todo. El siervo trabaja por un salario, por el afán de premios y el temor a los castigos, pero el hijo está en las cosas de su padre y responde al amor del padre con amor a sus hermanos. La moral más exigente que se puede pensar es la de sentirse hijo de ese Padre y rechazar por impropio todo lo que no sea digno de Él.

Del evangelio se desprende que la esencia del ser humano es la capacidad de construirse amando, y que la definición de humanidad es la de un conjunto de hijos queridos por Dios que sólo queriéndose como hermanos podrán realizarse. Por eso, la dignidad humana es la consecuencia de su condición de Hijos.

Finalmente, el objeto del mensaje de Jesús es el Reino, es decir, el reinado de los criterios de Abbá en el mundo: «Venga a nosotros tu Reino». Éste es el objeto de su misión y el sentido de su vida. «Buscad primero el Reino y su justicia –afirma–, y lo demás se os dará por añadidura».

Jesús lo define como una hogaza de pan fermentada por una pizca de levadura; como un arbusto que todo lo invade fruto de un pequeño grano de mostaza que ha germinado. El Reino no es huir de la realidad humana, sino dar pleno sentido a toda realidad humana. Por eso, el Reino no es esencialmente renunciar a nada, sino dirigirlo todo hacia ese fin. Ninguna dimensión humana está fuera de esta categoría esencial: medios para construir el Reino.

El evangelio no es un ligero barniz que se añade a lo humano: es tomar al hombre desde lo más profundo, tal como es, y hacer posible que se oriente a Dios…

5

Vuelta a empezar

La caída del imperio romano significa para Europa occidental la destrucción del mundo civilizado y la necesidad de afrontar la colosal tarea de partir de cero para ponerse de nuevo en marcha. Esta circunstancia fue sin duda olvidada por algunos historiadores que –con muy poco acierto– consideraron esta época como un tiempo perdido para la humanidad y la denominaron "Edad Media"; denominación ésta que invita a pensar que entre la época clásica y el Renacimiento no hay nada relevante. Y no es así. En la época medieval, y sobre todo en la Baja Edad Media (a partir del siglo XI) se produce un gran número de innovaciones de todo orden de gran transcendencia para el futuro.

El término "Edad Media" se aplica fundamentalmente a la Europa cristiana, y a ella nos vamos a circunscribir. Comienza con la caída del imperio romano y finaliza cuando Colón descubre América (1492). Está dividida en dos partes apreciablemente distintas; la Alta Edad Media, dedicada a recomponer los pedazos rotos a los que se había visto reducida la sociedad occidental (y que llega hasta el siglo X), y la Baja Edad Media, precursora del Renacimiento, en la que Europa comienza a experimentar un notable progreso a pesar de las calamidades que sufre.

En la Edad Media el mayor esfuerzo cultural se realiza para recuperar la obra de los grandes filósofos-científicos griegos. Desde el mundo musulmán y desde Bizancio se sigue teniendo acceso a los textos griegos, mientras que en Europa occidental sólo la labor de los monasterios permite su recuperación, traducción y difusión (de forma muy moderada). La novela *El nombre de la Rosa* de Umberto Eco (1932-2016) muestra muy bien esta tarea.

La Iglesia no sólo lidera la ingente tarea de recopilar, copiar y traducir los textos clásicos, sino que asume también la tarea educativa y crea escuelas monacales y catedralicias que permiten mantener la tradición cultural de la antigüedad. Un monje de la Orden del Carmen, Irnerio, funda la Universidad de Bolonia a finales del siglo XI, y esta institución se extiende por toda Europa en los dos siglos siguientes. Los libros –escritos en latín– son artesanos, caros e inasequibles a la gran mayoría del pueblo que se mantiene en el analfabetismo.

En filosofía, los autores cristianos de la Edad Media consideran el evangelio como "verdad revelada" –por tanto, indudable–, y dedican su obra a compatibilizar esa verdad con lo que marca la razón. Su argumento es que si la razón proviene de Dios, ambas verdades, la revelada y la racional, deben de ser idénticas.

Agustín de Hipona (354-430) tiene una forma de razonar como cristiano que presenta muchos rasgos platónicos. Afirma que las "Ideas" platónicas estaban en la mente de Dios al crear el mundo, por lo que en cierto modo podemos decir que Agustín cristianiza a Platón. También establece los primeros puentes entre la fe y la razón: "Entiende para creer y cree para entender".

Afirma que el hombre obtiene su felicidad de su encuentro con Dios, y esa felicidad es Dios mismo. Sólo Dios, y no los bienes temporales, pueden hacernos felices, lo que significa que aquí sólo poseemos la felicidad en grado de esperanza. Su vocación mística le lleva a afirmar que «sólo trascendiendo más allá del mundo incierto de los sentidos, el hombre puede acercarse a su propia esencia, que es la naturaleza divina».

Agustín no puede vincular el mal a la materia, pues ésta procede de Dios, por lo que opta por relativizarlo; por definirlo como ausencia de bien. Considera que el relato bíblico del pecado original exonera a Dios de la responsabilidad del origen del pecado, y achaca a la naturaleza biológica del hombre su transmisión.

Los árabes. El islam

A principios del siglo VII nace en Arabia el islam, cuyo origen es la revelación de Dios a Mahoma (570-632) a través del Ángel Gabriel. Su idea básica es la sumisión total a Dios. Esta idea queda recogida en una de sus plegarias: «Dame a conocer, Señor, tu voluntad, para que la cumpla». El argumento de Mahoma para fundar una nueva religión es que tanto judíos como cristianos han olvidado o adulterado la revelación, y que Dios se le manifiesta para recordar a los hombres la verdad y la Ley. Pero, ¿quién es Mahoma?

Mahoma nace en la Meca en el año 570 y es caravanero como su padre. A los veinticinco años se casa con Jadiya, rica viuda que le pasa quince años. Adquiere fama de hombre honrado, justo y digno de confianza (Al Amín). En la cueva de Hira, cercana a la Meca, se le aparece el ángel Gabriel, pero nadie le cree. Tres años después se le vuelve a aparecer: «Tu Señor no te ha abandonado –le dice–. No oprimas al huérfano, no rechaces al mendigo y narra el beneficio de tu Señor».

Pronto comienzan las persecuciones contra él y sus seguidores. Declarado fuera de la ley por los ricos mequíes (de la Meca) y peligrando su vida, huye primero a Taifa y luego (en el año 622) a Yatrib (Medina). Sus primeras luchas se producen contra los mequíes por asunto de derechos de paso de caravanas, pero vienen luego numerosos conflictos que afianzan su poder. En el año 630 entra triunfante en la Meca, destruye los ídolos, pero declara una amnistía que le vale el apoyo del pueblo convertido. Al morir Mahoma en Medina en el año 632, toda la península arábiga, hasta Irak y Palestina, comparte esta fe y obedece las leyes del profeta.

Entrando en materia, ya hemos dicho que islam significa "sumisión"; sumisión a la voluntad de Dios. No se pueden plantear cuestiones a Dios, sino aceptar todo lo que Él envía. Pero esta actitud, aparentemente derrotista, hay que matizarla, pues todo cuanto viene de Dios no puede ser más que bueno para el hombre a pesar de las apariencias en contra. No hay que olvidar que el islam es una religión muy simple, sin complicaciones, dirigida a gente sencilla.

En principio, el Dios del islam es el mismo Dios del judaísmo y el cristianismo, pero con la personalidad propia del pueblo al que se dirige el mensaje. Esencialmente, es un Dios Uno. Ni ha engendrado ni ha sido engendrado. Es omnipotente y a Él no se le piden cuentas, pues obra según su voluntad. Es creador, eterno, inaccesible, trascendente, absolutamente otro y más allá de toda descripción (lo que aborta de raíz cualquier intento de teología musulmana). Los dos adjetivos más utilizados son: "Alá es grande" y "Alá es misericordioso".

Aunque el Corán proclama un Dios «más cercano a nosotros que nuestra vena yugular», en la práctica, Alá es un Dios lejano, temible y justiciero que predetermina el destino de cada hombre, que perdona lo que quiere y a quien quiere, que premia espléndidamente a los justos y castiga implacablemente a los impíos.

Saliendo a flote

Muchos especialistas piensan que el Renacimiento comienza en realidad con la Baja Edad Media (a partir del siglo XI), pero que la peste y las guerras que asolan a Europa interrumpen el proceso y retrasan su llegada.

En el campo de la ciencia se produce un hecho de la máxima importancia para el desarrollo de las matemáticas, y es la adopción de la numeración arábiga; un sistema que procede de la india y entra en Europa por Al-Ándalus de la mano de los árabes. También es relevante el aporte de Roger Bacon (1220-1292) al florecimiento de la ciencia al establecer el método para su desarrollo. Este método –el método científico– consagra el empirismo como cauce idóneo para el avance de la ciencia, y se basa en la observación, la lógica y la experimentación.

Pero la mayor aportación de la Edad Media no es la producción científica, sino el desarrollo de técnicas capaces de propiciar el progreso económico y social de los pueblos. Veamos algunos ejemplos.

La caída del imperio romano provoca el abandono masivo de las ciudades, da vida al mundo rural y potencia la agricultura, que experimenta una mejora sustancial con respecto a otras épocas (sobre todo en torno a los monasterios). Como innovación más relevante podemos mencionar el desarrollo del arado de reja y vertedera, que transforma la agricultura y permite extender la superficie cultivada (siglo XI).

En arquitectura y construcción, en el siglo XII se inventa la bóveda de crucería que reemplaza a las de cañón y de arista propias del románico y permite la construcción de catedrales más altas y luminosas. Relacionada con esta técnica está el diseño de puentes de arco segmentado (siglo XIV), cuyo mejor exponente es el Ponte Vecchio en Florencia.

Entre las técnicas militares cabe destacar el desarrollo de las primeras armas de fuego (siglo XIV) capaces de lanzar proyectiles por combustión de la pólvora. También es significativo el desarrollo del arco largo inglés con un alto poder de penetración, las ballestas y las catapultas de contrapeso (siglo XII).

En navegación, los avances experimentados en el diseño y fabricación de barcos son cruciales para propiciar el dominio de los mares y los grandes descubrimientos posteriores. También mejora la técnica de navegación con el desarrollo de la brújula seca y la introducción del astrolabio. El astrolabio es conocido en el mundo islámico desde el siglo VIII, pero no llega a Europa hasta el siglo XII a través de Al-Ándalus.

Entre los siglos XII y XIV, en metalurgia se desarrolla el alto horno que permite elevar notablemente la temperatura en su interior, mejorar de forma sustancial el método tradicional de obtención de acero y conferirle prestaciones muy superiores a las obtenidas con la técnica antigua. Ya entonces se venía utilizando el martillo pilón de accionamiento hidráulico para facilitar la tarea de forja.

Pero la invención medieval más importante; la más decisiva para la difusión del conocimiento y la cultura, es la imprenta, es decir, la tecnología de impresión sobre materiales como el papel procedente de China. En el año 1440, Johannes Gutenberg (1400-1468) desarrolla la imprenta tal como hoy se conoce, iniciando así una nueva era en la producción de libros en cantidades importantes y precios asequibles.

Pero no todo es tecnología. Sobre el siglo XIII se redescubre a Aristóteles a través de los árabes, y la filosofía cristiana comienza a inspirarse en su obra. Aristóteles sirve también de referente a estudiosos de otras culturas, como es el caso de Averroes –filósofo hispanoárabe–, Avicena –médico persa–, y Maimónides –médico hebraico español–. En Italia, Santo Tomás desarrolla una teología de base racional e inspiración aristotélica de acuerdo con los cánones de la **Escolástica** iniciada por San Anselmo.

Tomás de Aquino (1225-1274), organiza el conocimiento de su tiempo y lo pone al servicio de su fe. Crea una síntesis filosófica perfecta con las enseñanzas de la Biblia, la doctrina cristiana, la obra de Aristóteles, los Padres de la Iglesia, San Agustín, Averroes, Avicena, Maimónides y otros eruditos islámicos y pensadores judíos, creando un sistema ordenado y cerrado muy difícil de rebatir. Para Tomás, la felicidad es el fin último del hombre, y el medio que propone para lograrla es la práctica de la virtud. Como filósofo y teólogo cristiano, refiere ese bien supremo a la vida después de la muerte, aunque proclama que la observancia de las virtudes también proporciona la máxima cota de felicidad posible en este mundo. Respecto al mal, niega su sustancialidad, es decir, lo presenta como privación de la perfección inherente a los seres humanos. Él también trata de exonerar a Dios de su existencia:

Dios no es, de ninguna manera, ni directa ni indirectamente, causa del mal moral. Sin embargo, lo permite respetando la libertad de albedrío de su criatura y, misteriosamente, sabe sacar del mal el bien.

Son famosas sus cinco vías para demostrar racionalmente la existencia de Dios. A través de ellas, Dios es definido como motor inmóvil, causa primera, ser necesario, ser perfecto e inteligencia suprema. Tras Tomás, la filosofía se va desligando de la religión, y retorna a los planteamientos clásicos griegos.

Retorno al humanismo clásico

Tras la Edad Media y coincidiendo más o menos con el siglo dieciséis llega el Renacimiento. Alguien dijo que «en el Renacimiento se abren las ventanas del mundo para dejar entrar los rayos del sol y disipar las tinieblas que se habían instalado en él durante la época medieval», pero ésta es una afirmación muy matizable.

El *Renacimiento* supone una revolución que afecta sobre todo a las disciplinas artística y científica, pero de la que no se libran la política y la religión. Lo que mejor caracteriza al Renacimiento es el triunfo de la inteligencia y la exaltación del espíritu innovador. Esta nueva forma de concebir la vida exige poner un gran énfasis en la educación; una educación enfocada a formar a los jóvenes en valores netamente humanos, como la oratoria, la retórica, la filosofía, la moral, la historia... y es esta educación humanista lo que les lleva a convertirse en místicos, artistas o científicos.

Recordemos algunos filósofos renacentistas. Nicolás de Cusa (1401-1464) es un personaje clave en la transición del pensamiento medieval al Renacimiento. Giovanni Pico della Mirandola (1463-1494) formula los ideales del Renacimiento: derecho a la discrepancia, respeto por las diversidades y derecho a plantear la vida a partir de la diferencia. Erasmo de Róterdam (1466-1536) ejerce de conciliador entre católicos y protestantes. Juan Luis Vives (1492-1540) es un gran reformador de la educación europea y filósofo moralista de talla universal. Michel de Montaigne (1533-1592) es un eminente humanista, escéptico y crítico con la cultura, la ciencia y la religión de su época...

El modelo que sirve de inspiración al hombre renacentista es la Grecia clásica, y ello le lleva a redescubrir su auténtico potencial sepultado por la visión negativa propia de la época medieval. La idea de Dios sigue siendo válida, pero se deja de considerar esta vida como mera preparación para la vida eterna, y se comienza a concebir como algo importante en sí mismo. Renace así el humanismo cásico.

La mayoría de filósofos renacentistas piensa que Dios no es asequible a nuestra razón, al revés de lo que ocurría en la época medieval, y algunos añaden que lo importante no es conocer la esencia de Dios, sino someterse a su voluntad. La relación del hombre con Dios se hace más personal y la Iglesia pierde peso como intermediaria entre Dios y los hombres. Este fenómeno es posible gracias a la traducción de la Biblia a todos los idiomas, a su reproducción en la imprenta recién inventada y su difusión masiva entre los fieles.

En 1517 se produce la Reforma. Lutero quiere volver a los orígenes con su famosa frase: «Solamente las escrituras». Afirma que el hombre no necesita de los sacerdotes para obtener el perdón de Dios pues cada uno ejerce su propio ministerio sacerdotal. La salvación es totalmente gratuita y se obtiene por la gracia divina. Las obras y los ritos de la Iglesia no valen para salvarse. Es acusado de tener una visión muy negativa del hombre; destruido por el pecado y a expensas únicamente de la misericordia de Dios.

Uno de los fenómenos más importantes del Renacimiento es la ruptura definitiva de la filosofía con la teología cristiana; una ruptura que beneficia a ambas. Pero ésta no es la única ruptura que se produce, porque la ciencia se desliga a su vez de la filosofía e irrumpe con fuerza en el mundo racional. Este último fenómeno es de gran importancia para el florecimiento del conocimiento humano, pues por una parte supera la fe ciega en los postulados de la Iglesia, y por otra, proporciona concllusiones más solventes que la razón pura sobre los fenómenos naturales, al complementarla con los datos empíricos propios del método científico.

En el campo de la ciencia y la tecnología, hay quien argumenta que la focalización renacentista en el hombre lastra en buena medida su desarrollo científico, pero en esta época se consagra la metodología propuesta por Roger Bacon para hacer ciencia y en base a ella se logran importantes avances científicos.

Uno de los campos que registra un mayor desarrollo es la astronomía. Nicolás Copérnico (1473-1543) desarrolla la teoría heliocéntrica que explica el movimiento de los planetas, y esta teoría abre una etapa gloriosa que se prolonga hasta el siglo XVIII. Johannes Kepler (1571-1630) se basa en ella para llevar a cabo un trabajo sobre las órbitas de los planetas y descubre que la órbita de la Tierra no es circular sino elíptica. Galileo Galilei (1564-1642) inventa el telescopio y abre un campo de exploración del espacio crucial para desentrañar muchos enigmas hasta entonces sin explicación. Mucho más tarde, Isaac Newton (1642-1727) pone el broche de oro formulando la ley de gravitación universal en la que se basa la física clásica.

Otro campo de avances sustanciales es el de las matemáticas; instrumento básico para el desarrollo científico en cualquier disciplina. Podemos destacar el uso de las fracciones decimales para la ejecución de cálculos, la resolución de ecuaciones de tercer y cuarto grado, el desarrollo de la trigonometría plana y esférica, los números imaginarios, la notación vectorial, el simbolismo algebraico y otros muchos de menor entidad.

En medicina, se inventa el microscopio. En 1543, Andrés Vesalio (1514-1564) publica un vademécum ilustrado de anatomía considerado como uno de los libros de ciencia más influyentes de la historia. En el campo de la cirugía se dan innovaciones sustanciales que marcan una nueva época en esta disciplina. Miguel Servet (1509-1563) descubre la circulación pulmonar y William Harvey (1578-1657) descubre la circulación de la sangre.

En 1522 se completa la primera vuelta al mundo (Magallanes y Elcano) y en 1538 se confecciona el primer mapa del mundo. En química, Paracelso (1493-1541), aplica la alquimia a la medicina y hace un estudio serio de los fármacos minerales. También se hacen los primeros tratados con cierta base científica sobre la química.

A caballo entre el arte y la ciencia, no podemos olvidar a los genios renacentistas por excelencia: Leonardo da Vinci (1452-1519) y Miguel Ángel Buonarrotti (1475-1564). Miguel Ángel está considerado uno de los mayores artistas de la historia, destacando por sus esculturas, sus pinturas y sus diseños arquitectónicos (como la cúpula del Vaticano). Leonardo fue además hombre de ciencia, habiendo realizado proyectos de ingeniería, hidráulica, mecánica, anatomía, botánica y otras muchas materias. Una fecha importante es la de 1582, cuando el papa Gregorio XIII introduce el calendario Gregoriano que sustituye al anterior calendario Juliano.

La revolución científica. La ciencia ¿redentora de la humanidad?

En la Baja Edad Media y el Renacimiento se ponen las bases que soportan el desarrollo científico de la Edad Moderna, y en ellas se asienta la "revolución científica" de los siglos XVII y XVIII.

El gran desarrollo de las matemáticas de la mano de Neper, Pascal, Descartes o Torricelli permite expresar las teorías científicas en lenguaje metemático, lo que supone un gran avance con respecto a épocas anteriores. Una tesis no se considera científica si no se formula así o no está soportada en una sólida base empírica. Comienzan a surgir las primeras sociedades de carácter científico y a editarse publicaciones que recogen sus avances.

En la primera mitad del siglo XVIII los avances científicos no son tan relevantes como en los dos siglos anteriores, pero la ciencia empieza a orientarse a la obtención de beneficios económicos. Los científicos siguen interesados en saber cómo son las cosas y cómo se comportan, pero se empieza investigar el potencial que encierra la Naturaleza para explotarlo. El resultado es la revolución industrial de final de siglo, aunque ya sobre los años sesenta, la obra de Benjamín Franklin (1706-1790) y otros científicos de la época, presagian un nuevo impulso científico y sobre todo tecnológico.

Se producen avances en el campo de la astronomía, la química, la geología, la energía, la mecánica y el magnetismo, pero el símbolo por excelencia de la revolución industrial es la máquina de vapor, pues en ella el ser humano encuentra la forma de lanzar la industria pesada e inaugura una nueva etapa en la historia de la humanidad. La invención de la máquina de vapor se remonta a 1712 –máquina de Newcomen–, pero es tan bajo su rendimiento y tan frecuentes sus explosiones, que su utilización práctica nunca termina de despegar. En 1774 James Watt (1736-1819), fabrica su primer modelo industrial mucho más perfecto que el de Newcomen (1164-1729), y con él comienza la "revolución industrial".

Entre el Renacimiento y el Barroco encontramos los físicos que cambian la concepción del Universo, como Copérnico, Kepler, Galileo y Newton, de los que ya nos hemos ocupado al hablar del Renacimiento. Estos científicos creen en Dios, lo citan con frecuencia en sus escritos, y consideran que sus descubrimientos reafirman la idea de Dios creador. Pero Newton va más allá y muestra en su obra una honda convicción religiosa. Aparte de sus citas, se distingue por elaborar numerosos estudios de asuntos netamente religiosos; hasta el punto que al menos la tercera parte de su obra tiene que ver con cuestiones religiosas. En su libro *Principia Mathematica*, apela a Dios cuando señala: «Este bellísimo sistema del sol, los planetas y los cometas sólo podría proceder del consejo y el dominio de un Ser inteligente y poderoso».

Pero la Edad Moderna no sólo se caracteriza por lo que ocurre en el campo de la ciencia, pues tanto las artes como la filosofía experimentan un avance sustancial.

El desengaño

Coincidiendo más o menos con el siglo diecisiete llega el Barroco. Lo que mejor define al Barroco es la contradicción, pues por un lado trae consigo la relativización del sentido de la vida, y por otro, el resurgimiento del misticismo como vía más segura para lograr un mayor conocimiento de Dios y una mayor unión con Él. En el Barroco continúa el ambiente mundano propio del Renacimiento, pero surgen movimientos monásticos que se apartan mundo.

Tras las manifestaciones de alegría desbordante en la superficie, se esconde una sociedad profundamente pesimista. Por una parte, se invita a gozar de cada día, y por otra, se recuerda que nuestro destino es la muerte; por una parte, se encuentra vanidad y ostentación por doquier, y por otra, la constante alusión a lo efímero de las cosas. La aparente frivolidad que muchos muestran en su vida pública, contrasta con la angustia existencial que sufren en privado.

El hombre del Barroco es un hombre triste, y su pesimismo viene dado por las guerras, las calamidades y la miseria de la población. Ese pesimismo queda plasmado en las artes y en la literatura. En el Barroco surgen grandes figuras en la literatura y la filosofía, nace el teatro moderno, las artes y las ciencias experimentan un gran auge… pero la imagen que la propia literatura de la época nos da del hombre del Barroco nos muestra un ser pesimista, obsesionado con la muerte, agónico, en permanente lucha consigo mismo, de conducta violenta y en permanente pugna con sus semejantes.

Cada uno de nosotros representa un papel en la vida; igual que en el teatro. El teatro asigna papeles a los actores, y el destino asigna la vida de cada uno. No tiene sentido rebelarse ante este hecho, sino resignarse a la suerte asignada. El propio William Shakespeare (1564-1616) compara la vida con el teatro y afirma que nuestra vida está hecha del mismo material del que se tejen los sueños. En esa línea, Calderón de la Barca (1600-1681), afirma:

> *¿Qué es la vida?... un frenesí. ¿Qué es la vida?... una ilusión, una sombra, una ficción; el mayor bien es pequeño; que toda la vida es sueño, y los sueños, sueños son»...*

Toda esta contradicción tiene fiel reflejo en la filosofía. El **Idealismo** afirma que nuestra existencia tiene una naturaleza puramente espiritual; que lo material no es más que una ilusión de nuestros sentidos. El **Materialismo**, por el contrario, sostiene que la única realidad es de naturaleza material; que lo espiritual no existe y nuestros actos están determinados.

Otra importante controversia filosófica es la que se produce entre racionalistas y empiristas. El **Racionalismo** propugna la primacía de la razón sobre los sentidos, y podemos destacar a René Descartes, Baruch Spinoza, Gottfried Leibniz y Blaise Pascal.

René Descartes (1596-1650) investiga una filosofía exenta de dudas. No es lo que perciben sus sentidos, sino su capacidad de raciocinio, lo que le lleva a demostrar su propia existencia y la existencia de Dios. A partir de ahí, termina de conformar su filosofía apelando a la fiabilidad de Dios para dar por verdaderas aquellas ideas "claras y distintas" que encontramos en nuestro interior (ideas innatas). Enuncia su moral provisional con claras reminiscencias socráticas, aristotélicas y estoicas.

Baruch Spinoza (1632-1677) se inspira en la filosofía de Descartes, pero su visión panteísta de la realidad le lleva a sacralizar el Cosmos; a identificarlo con Dios: «Todo lo que es, es en Dios». No concibe a un hombre aislado o separado de la Naturaleza, sino a un integrante más de ese conjunto formado por todo cuanto existe. Esta concepción del ser humano le lleva a un determinismo radical que plasma en la frase: «No se puede culpar al rio por desbordarse ni al asesino reincidente».

Gottfried Leibniz (1646-1716) es quizás el último gran científico que domina todas las disciplinas de la ciencia. En Leibniz todo es armonía y todo queda perfectamente conjugado, pues es Dios mismo el que constituye la armonía universal. Sostiene que «la felicidad es al hombre lo que la perfección a los entes», lo que significa que en el hombre la perfección consiste en ser feliz.

Blaise Pascal (1623-1662), arremete contra la trivialización de la existencia y el materialismo imperante en el mundo. Asegura que la falta de valores absolutos produce angustia, ansia de certezas y necesidad de principios que den sentido a la vida. Afirma que «la miseria del hombre sin Dios, significa la felicidad del hombre con Dios». Es famoso el argumento en el que sustenta su apuesta por Dios: «Si gano lo gano todo, y si pierdo no pierdo nada».

El *Empirismo* propugna que el único conocimiento fiable es el basado en la experiencia; que antes de adquirir la experiencia mediante los sentidos no tenemos ningún contenido en la conciencia; que nuestra conciencia al nacer es como una hoja en blanco, y que todo el conocimiento que tenemos sobre el mundo es el que nos proporcionan los sentidos. Sus principales representantes son Thomas Hobbes, John Locke, David Hume y George Berkeley.

Thomas Hobbes (1588-1679) se plantea la índole de la condición humana: ¿Es el ser humano intrínsecamente bueno o malo?... En su obra más famosa, *Leviatán*, Hobbes trata sobre la naturaleza humana y la organización de la sociedad. En ella afirma que en un estado natural cada persona iría contra sus semejantes, porque en ese estado no existe moralidad alguna ni hay límite para la obtención de los deseos: «*Homo homini lupus*» (el hombre es lobo para el hombre). En estas condiciones, la vida del hombre sería solitaria, pobre, brutal y breve.

John Locke (1632-1704) es considerado como el padre del liberalismo moderno: «El derecho natural de cada hombre –dice– está sólo limitado por el derecho igual de los demás hombres». Dedica una buena parte de su obra a la educación, y en todo lo referente a ella, da más importancia a la conducta y a la ética que a la inteligencia y el conocimiento. Considera que la finalidad de la educación es la virtud, la sabiduría, las buenas maneras y el aprendizaje.

David Hume (1711-1776) se caracteriza por su agnosticismo y su escepticismo moderados. Concibe al sujeto como el resultado de las impresiones que percibe y las ideas que surgen al reflexionar sobre esas impresiones. Hume no puede basar su moral en Dios –cuya existencia pone en duda–, ni en la razón, pues considera que si las decisiones se dejasen meramente a la razón, en muchos casos serían crueles. Los actos morales se dan por inclinación natural; porque somos capaces de sentir compasión, y esta capacidad es inherente a la condición humana.

George Berkeley (1685-1753) despoja al empirismo del materialismo que parecía inherente a él y desarrolla una filosofía idealista –precursora de Kant– que proclama la inmaterialidad de las cosas. Postula que «la única realidad de los cuerpos es su condición de ser percibidos», o dicho de otro modo, que el ser sólo existe en el acto de ser percibido.

Inmanuel Kant

Inmanuel Kant (1724-1804) es punto y aparte en la filosofía moderna. Fundamenta su filosofía en tres preguntas básicas: ¿Qué puedo conocer? ¿Qué debo hacer? ¿Qué me cabe esperar?

En su *Crítica de la razón pura* concilia a racionalistas y empiristas al afirmar que nuestro conocimiento proviene de la percepción de nuestros sentidos, pero que es la razón la que "moldea" las percepciones (como el recipiente moldea la forma del líquido que contiene) y las enmarca en un esquema "espacio-tiempo" que está en nuestra mente y es previo a la experiencia. El espacio-tiempo no existe fuera de nosotros, sino que es un *"a priori"* que nos permite elaborar nuestro concepto del mundo.

Rompe la tradición eudemonista señalando que el fin último del ser humano no es la felicidad, sino la práctica de la ley moral. Sostiene que los conceptos de bien y de mal son inherentes a nosotros, y a este innatismo lo llama "razón práctica". Existe, y conocemos a través de la conciencia, una ley moral universal tan inexorable como las leyes físicas. Para justificar la inexorabilidad de la ley moral recurre a los "postulados de la razón práctica", que son la existencia de la libertad, de Dios y del alma inmortal.

Sólo procedemos con libertad cuando actuamos respetando la ley moral. En el resto de los casos son nuestros apegos e inclinaciones los que determinan nuestro proceder. Considera la libertad individual como el gobierno de sí mismo; como la capacidad para ser consecuente con lo que nos indica la conciencia. Para Kant, el mal no tiene explicación racional. No podemos conocer el origen de la existencia del mal. Devalúa la importancia del mal físico y el sufrimiento para resaltar el mal moral, que consiste en apartarse de la razón a favor de las inclinaciones. Para Kant, el mal moral está íntimamente relacionado con la falta de libertad. No obstante, considera que el mundo progresa hacia una sociedad ideal.

El culto a la razón

Entre la revolución inglesa de finales del siglo diecisiete y la revolución francesa de finales del siglo dieciocho se sitúa un movimiento filosófico que conocemos con el nombre de ***Ilustración***, y vamos a dejar que sea el propio Kant quien nos introduzca en ella. Para Kant la Ilustración es «un periodo en el que el hombre se desprende de su inmadurez causada por él mismo».

Los filósofos ilustrados rinden un culto desaforado a la razón, y el mejor exponente de ello es su empeño en aplicar el método científico a la resolución de todos los problemas con independencia de la índole de los mismos. Desde esta mentalidad, intentan desarrollar una base racional organizada que englobe la religión, la moral y la ética, y que esté concebida como un código de conducta al estilo de las leyes que rigen la Naturaleza.

A pesar de sus permanentes ataques a la Iglesia y su talante iconoclasta, esta etapa no se puede considerar atea, aunque la función de Dios queda reducida a la creación. Se empeñan en abandonar el orden basado en Dios e instaurar uno nuevo basado en la razón, y para lograrlo proponen un ideal de ser humano que se ofrece como meta a conseguir en la vida; lo que hace innecesaria la práctica religiosa. Esta meta debe lograrse a base de educación.

Podríamos considerar esta etapa como culminación del racionalismo del barroco, pero existen importantes diferencias entre ambos. El barroco se caracteriza por dos rasgos que no se dan en la Ilustración. Por una parte admite la existencia de ideas innatas puestas por Dios en nuestra mente —como afirma Descartes—, y por otra, no considera fiable el conocimiento empírico por considerar que nuestros sentidos nos engañan. En la Ilustración, por el contrario, se rechazan de plano las ideas innatas, y se afirma que cualquier idea tiene que ser adquirida por cada hombre a través de la experiencia. Por tanto, en la Ilustración el racionalismo se enriquece con la aportación del empirismo, y aunque esto le hace perder pureza, le proporciona más rigor en sus planteamientos al estar estos basados en datos experimentales.

En la Ilustración florece un nuevo tipo de humanismo; un humanismo mucho más complejo que el renacentista o el barroco. Descartes concibe al hombre como ser pensante: «Soy porque pienso; soy lo que pienso». Tampoco encontramos mejores respuestas en el resto de autores racionalistas. En cambio, la Ilustración concibe al ser humano de forma más integral; propugna una conciencia más rica no limitada a lo cognitivo, sino que integre al resto de facultades y capacidades humanas.

Los filósofos de la ilustración adoptan una postura muy escéptica respecto a todo pensamiento anterior a ellos, e invitan a cada ciudadano a buscar las respuestas a sus propias preguntas. Kant lanza el lema por excelencia de la Ilustración, «¡Atrévete a conocer! ¡Ten valor de usar tu propia inteligencia!»... Pero para ello, el pueblo tiene que ser instruido, ilustrado, lo que determina el nombre que recibe este movimiento.

Sobre esta base surgen los primeros planteamientos serios en relación a la educación. Las aportaciones de John Locke a la educación son asumidas en la etapa ilustrada. Hay que que instruir a los muchachos para prepararlos para la vida, pero también hay que desarrollar sus capacidades para dotarlos de las virtudes que los hagan miembros dignos de la sociedad.

Son pragmáticos e intentan crear una sociedad más justa. Promueven la declaración universal de los derechos humanos. Sus principales exponentes son: François M. Arouet (1694-1778) –Voltaire–, el Barón de Montesquieu (1689-1755) y Jean Jacques Rousseau (1712-1788); todos ellos del siglo XVIII.

En busca del bienestar

Y así llegamos a la Edad Contemporánea, que comienza en la revolución francesa (1789) y llega a nuestros días. La Edad Contemporánea se caracteriza por los cambios que experimenta la sociedad; unos cambios no sólo provocados por el avance de la ciencia y el desarrollo tecnológico, sino también por los movimientos filosóficos e ideológicos derivados directa o indirectamente de dicho desarrollo. En ella se deben destacar las dos grandes guerras que libran las grandes naciones y que se cobran decenas de millones de vidas.

Desarrollo científico

Los siglos XVIII, XIX y XX son claves en el desarrollo de la biología y la medicina, y entre sus logros más relevantes encontramos el descubrimiento de las vacunas en 1796 por Edward Jenner (1749-1823), la publicación en el año 1859 de la teoría de la evolución de las especies de Charles Darwin y en 1865 de las leyes de la genética de Gregor Mendel (1822-1884), el descubrimiento de la penicilina en 1928 por Alexander Fleming (1881-1955), o la secuenciación del genoma humano en 2001.

Respecto a la física, en el siglo XIX se da un gran impulso a la electricidad y el electromagnetismo, con autores como Coulomb, Franklin, Galbani, Maxwell, Faraday, Volta, Weber, Gauss, Ampere y tantos otros que resultaría prolijo citar aquí. Pero es a comienzos del siglo XX cuando ven la luz las dos grandes teorías físicas de la Edad Contemporánea: la física cuántica iniciada en 1900 por Max Planck (1858-1947) y las teorías de la relatividad formuladas por Albert Einstein en los años 1905 y 1915.

La mecánica cuántica trata de lo que es tan sumamente pequeño que no se puede ver (el mundo subatómico), la relatividad de lo que es tan grande que se nos escapa por su magnitud (el cosmos), y la combinación de ambas nos ofrece una visión del mundo en que vivimos mucho más completa que las vigentes hasta hace un siglo (lo cual no significa que sea definitiva, pues todo conocimiento científico es provisional). Aunque sólo sea por curiosidad vamos a detenernos brevemente en ellas.

Albert Einstein, formula su teoría de la *relatividad especial* en 1905. Su hipótesis de partida es considerar constante la velocidad de la luz con independencia de quien sea el observador, y su primera conclusión es sorprendente: ni el espacio ni el tiempo son conceptos absolutos. El tiempo transcurre más lentamente cuando nos vamos acercando a la velocidad de la luz y se detiene cuando la alcanza. Einstein, acuña un nuevo concepto, "espacio–tiempo", que sí se comporta como una magnitud continua. De esta teoría también se desprende que la masa de los objetos (su inercia) aumenta a medida que su velocidad adquiere valores crecientes, tendiendo al infinito cuando se acerca a la velocidad de la luz (por lo que nada puede superar esta velocidad). Conviene aclarar que estos fenómenos se manifiestan sólo a velocidades muy cercanas a las de la luz, por lo que en la vida cotidiana son totalmente inapreciables.

Finalmente, la teoría considera la masa de un cuerpo como una forma de energía, lo que significa que la masa puede transformarse en energía (como ocurre en las reacciones nucleares) y viceversa. El sol pierde cuatrocientos millones de toneladas de materia cada segundo para poder mantener su temperatura, ya que el calor que produce *aniquilando* su masa es el que irradia al espacio. La *relatividad general* que publica en 1915 modifica el concepto de gravedad de Newton, pero no su formulación que sigue siendo válida. Newton entiende la gravedad como una fuerza inherente a la masa de los objetos, mientras que Einstein afirma que es debida a la deformación del espacio-tiempo en presencia de objetos masivos. Esta idea, muy poco intuitiva, se desarrolla con un poco más de detalle en el apéndice 1 al final del trabajo.

De la relatividad general se desprenden consecuencias importantes, como que la gravedad no sólo actúa sobre la masa, sino también sobre la energía, por lo que un rayo de luz (energía electromagnética) se desvía al pasar junto a un objeto masivo como el sol. También se desprende que la gravedad influye en la velocidad a la que transcurre el tiempo, lo que se traduce en que transcurre más lento para una persona que esté en un globo a veinte mil metros de altitud, que para otra que se encuentre al nivel del mar, aunque el desfase entre ambos a lo largo de la vida sería muy pequeño.

La *mecánica cuántica*, o física cuántica, trata de establecer la composición del átomo, es decir, el fundamento último de la materia de la que está hecho el cosmos. Nace en el año 1900 cuando Max Planck plantea que la energía (como la radiación que nos llega desde el sol) no se intercambia en forma de flujo continuo, sino que en todo intercambio hay una energía mínima involucrada, es decir, que los flujos de energía no son lisos sino grumosos. Einstein bautiza a estos paquetes de energía con el nombre de "cuantos de energía" (más tarde se llamarán "fotones").

El descubrimiento de Planck es fundamental para entender el funcionamiento de las partículas subatómicas, y vamos a detenernos un momento para tratar de ver la influencia que la física cuántica está teniendo en el estudio del mundo subatómico.

Demócrito define el átomo como una pieza pequeña, indivisible e indestructible con la que están hechas todas las cosas. John Dalton (1766-1844) lo concibe como una bola neutra de materia capaz de unirse químicamente a otras para producir compuestos químicos. Joseph Thompson (1856-1940) afirma que está formado por una masa cargada positivamente en cuya superficie se sitúan los electrones como las pasas en un pastel. Ernest Rutherford (1871-1937) descubre el núcleo atómico y plantea su propio modelo con los electrones orbitando en torno suyo (como un sistema planetario).

El problema del modelo de Rutherford es su inestabilidad, pero Niels Bohr (1885-1962) aplica a este modelo los principios de la física cuántica y obtiene un modelo estable. Este modelo atómico sigue considerando los electrones como partículas, lo que lo convierte en un modelo mixto cuántico-clásico.

Erwin Schrödinger (1887-1961) propone un modelo atómico cuántico puro en el que los electrones ya no se comportan como partículas, sino como ondas. Finalmente Joël Scherk y John H. Schwartz proponen la teoría de "cuerdas", que afirma que las partículas subatómicas son "estados vibracionales" de un objeto extendido muy básico llamado "cuerda" o "filamento". En principio esta teoría crea muchas expectativas por sencilla y elegante, pero con el tiempo se convierte en un monstruo inmanejable cada vez más complejo.

En 1927 Niels Bohr (1885-1962), Max Born (1882-1970) y Werner Heisenberg (1901-1976) proponen la "interpretación ortodoxa" (o de Copenhague) de la mecánica cuántica, según la cual, a nivel subatómico existe un "mundo cuántico" que tiene sus propias reglas y en el que desaparece la realidad objetiva (un árbol, una piedra). Según se afirma en ella, en ausencia de un observador, las partículas subatómicas existen «en todos sus estados posibles ¡a la vez!», y sólo cuando alguien las mide colapsan en un estado definido entre sus muchos estados posibles. Es decir, en el mundo subatómico sólo existe la realidad objetiva cuando se mide. Esta idea fue expresada por Schrödinger con la paradoja del gato. Metemos un gato en una caja con un dispositivo que puede matarlo con una probabilidad del 50% en pocos segundos. Cerramos la caja para no poder observarlo, y según se afirma en la paradoja, mientras la caja permanece cerrada el gato está muerto y vivo a la vez (adopta todos los estados posibles, que son estos dos), y sólo cuando abrimos la caja es cuando el gato está vivo o muerto.

Como hemos dicho, en el *apéndice 1* se amplía un poco más este relato para quienes tengan curiosidad en saber por dónde se mueve la ciencia en la actualidad.

Desarrollo tecnológico

Sería imposible siquiera mencionar la infinidad de aplicaciones de la tecnología en los dos últimos siglos, por lo que nos vamos a limitar a lo más relevante ordenado cronológicamente. Este punto no tiene otro objeto que satisfacer curiosidades.

En 1774 James Watt, fabrica su primer modelo industrial de máquina de vapor. En 1826 se construye la primera línea ferroviaria entre Liverpool y Manchester. En 1837 se desarrolla el telégrafo. En 1854, Antonio Meucci construye el primer prototipo de teléfono. En 1866 se conectan por cable telegráfico América y Europa.

En 1881, Werner von Siemens pone la primera línea de tranvías eléctricos en Berlín. En 1882, Thomas Edison instala en Nueva York la primera central eléctrica para la iluminación de la ciudad. En 1886 Nikolaus Otto patenta el diseño de un motor de combustión interna de cuatro tiempos. En 1887, Nicola Tesla diseña un generador de corriente alterna que permite transmitir la energía eléctrica a grandes distancias.

En 1893, George Westinghouse compra los derechos de Nicola Tesla, funda su compañía, y desarrolla el primer sistema de suministro en corriente alterna. En 1895, los hermanos Lumiere inventan el cinematógrafo. Karl Benz construye el primer coche automóvil con motor de gasolina, y comienza a producirlo en 1898.

En 1903, los hermanos Wright son los primeros en realizar un vuelo en un avión no descontrolado. En 1913 Henry Ford pone en marcha su cadena de montaje para producir el "modelo T". En 1914, Westinghouse populariza los electrodomésticos que poco a poco se va introduciendo en todos los hogares. Estalla la primera guerra mundial, y la tecnología aeronáutica avanza rápidamente debido a la guerra.

En 1926, Ramón Franco, Julio Ruiz de Alda, Juan Manuel Durán y Pablo Rada, cruzan por primera vez el atlántico en hidroavión con escala en Canarias. En 1927, Charles Lindbergh cruza en solitario el atlántico de Oeste a Este, abriendo una nueva ruta de navegación aérea. En 1937 comienzan las primeras emisiones de televisión en Francia y Reino Unido. En 1939 comienza la segunda guerra mundial.

En 1942, Alemania lanza su cohete A4 (más tarde bautizado con el nombre V2) con un alcance de 300 km que se considera el origen de todos los cohetes modernos. En 1944 la empresa IBM construye la primera computadora electrónica. También en 1944, los primeros aviones a reacción irrumpen en la segunda guerra mundial. El primer avión comercial a reacción es el De Havilland Comet que en 1952 efectúa el vuelo Londres-Johannesburgo.

En 1953 IBM comercializa un modelo de ordenador construido a escala industrial. En 1954 se construye la primera central nuclear en Óbninsk (Unión Soviética). En 1957 la URSS da comienzo a la carrera espacial al lanzar el Sputnik 1; primer satélite artificial que consigue ponerse en órbita alrededor de la Tierra. Ese mismo año pone en órbita al primer animal, la perra Laika, que viaja al espacio a bordo de la nave soviética Sputnik 2. En 1958, casi cuatro meses después del lanzamiento del Sputnik, Estados Unidos lanza el Explorer 1 sumándose a la carrera espacial.

En 1961, el soviético Yuri Gagarin se convierte en el primer hombre en realizar un vuelo orbital a bordo de la nave Vostok 1. Un mes más tarde, Estados Unidos responde lanzando al espacio a Alan Shepard a bordo de un cohete Mercury. En 1963, Valentina Tereshkova es la primera mujer en viajar al espacio a bordo de la Vostok 6. En 1965, el soviético de Alexei Leonov completa el primer paseo espacial encontrando muchas dificultades para regresar a la nave.

En 1969 el consorcio anglo-francés Concorde pone en servicio su avión supersónico comercial. El 20 de julio de ese mismo año, el estadounidense Neil Armstrong, comandante de la misión estadounidense Apolo 11, se convierte en la primera persona en caminar sobre la superficie lunar.

En 1971 nace la alta velocidad ferroviaria con la puesta en servicio de la línea París-Orleans del TGV francés. También en 1971, la Unión Soviética lanza la primera estación espacial de la historia en órbita terrestre, al Saliut, y centra sus esfuerzos en el desarrollo de este tipo de laboratorios del espacio. En 1977 Apple lanza el primer ordenador personal.

En 1981, IBM lanza su PC que propicia definitivamente su uso doméstico. Sobre los años 80 se diversifican las fuentes de energía renovable extendiéndose a la eólica y fotovoltaica. También nace una nueva generación de pioneros que crean empresas de enorme éxito basadas sólo en su conocimiento de informática. Entre ellos, merece destacarse a Steve Jobs, presidente de Apple,

Bill Gates, presidente de Microsoft o Larry Edward presidente de Google.

Entre 1990 y 2000 se populariza el teléfono móvil, que más tarde se convierte en el *"smartphone"*, es decir, un dispositivo móvil con las mismas funciones multimedia que un ordenador que llega a todas las personas incluidos los niños.

Por tanto, y como resumen, en los siglos XIX y XX se producen gran cantidad de innovaciones radicales que cambian por completo la sociedad; los ferrocarriles, el telégrafo, el teléfono, los automóviles, la aviación, la radio, los electrodomésticos, la televisión, los ordenadores, las centrales nucleares, las naves espaciales, los teléfonos móviles... En cambio el siglo XXI sólo nos ha deparado innovaciones incrementales muy poco significativas en relación a las anteriores.

La filosofía en la Edad Contemporánea

Los sistemas filosóficos desarrollados a lo largo de la Edad Contemporánea han marcado las creencias, la ideología y la idiosincrasia del hombre actual y han sido tan determinantes para escribir la historia de nuestro tiempo como los propios desarrollos científicos.

Las corrientes filosóficas

Quizás como reacción al culto exacerbado a la razón de la Ilustración francesa, tras Kant, y coincidiendo más o menos con el siglo diecinueve, surge en Alemania el Romanticismo. Los románticos consideran que los hombres del siglo dieciocho han dado la espalda a la emoción, han perdido la capacidad de sentir y han olvidado la misma esencia del hombre.

Por esa razón, el **Romanticismo** se caracteriza por la exaltación del sentimiento, la indolencia ante la vida, la melancolía, la imaginación, el espíritu contestatario, el interés por lo misterioso y lo tétrico, la vivencia, la añoranza, el culto desaforado al yo, la libertad de cada uno para marcar el sentido de su vida y el fervor por los artistas, a quienes su capacidad de creación les hace parecidos a los dioses.

El romántico es un inadaptado, un individuo difícil de integrar dentro del orden social, y a su vez, un ser orgulloso de no estarlo porque necesita estar fuera de un mundo que desprecia. Vive el dolor en forma extrema, y eleva cualquier pena cotidiana a niveles grandiosos. Se siente superior al verse capaz de soportar el sufrimiento que a otros aniquila porque la dimensión de su dolor no es comparable con el dolor vulgar. El dolor es el mejor signo de su sensibilidad, y lo que para los demás es trivial, para el romántico es una tragedia.

Su ámbito es principalmente urbano, de gente que añora la vuelta a la Naturaleza a la que considera un espíritu libre o "Espíritu Universal". El romántico concibe al individuo como una simple parte de ese Espíritu que es el verdadero ente con esencia y existencia propias. Todo está vivo. Cada pueblo es un organismo vivo, al igual que la historia o una obra de poesía...

Tras el romanticismo se produce un quiebro importante en la historia de la filosofía, porque con él termina la filosofía especulativa y comienza la filosofía de la acción. La mejor expresión del significado de esta nueva filosofía nos la proporciona Karl Marx (1818-1883): «Los filósofos se han limitado a interpretar el mundo; de lo que se trata ahora es de transformarlo»... Por tanto, ya no se trata de especular con la razón, sino de actuar para mejorar nuestra vida y la de los demás.

Así nace el **marxismo,** que propugna la revolución de la clase trabajadora para imponer la dictadura provisional del proletariado

y desde ella construir el "paraíso comunista". Marx concibe este
paraíso como una sociedad en la que no exista la propiedad priva-
da, y que, como consecuencia, tampoco exista la división en clases
sociales ni la explotación del hombre por el hombre. Una sociedad
«en la que cada uno aporte según su capacidad y reciba según su
necesidad» (preciosa utopía). Entre los filósofos marxistas podemos mencionar, además de Marx, a Friedrich Engels y Ludwig
Feuerbach.

La *Escuela de Frankfurt* es una institución alemana de teoría
social en la que nace la *Teoría Crítica*, la cual parte de la teoría
marxista tradicional y desarrolla un nuevo conjunto teórico calificado por algunos autores como neomarxista. A esta escuela per-
tenecen, Max Horkheimer, Herbert Marcuse, Jürgen Habermas,
Theodor Adorno y Walter Benjamin.

Un rasgo destacado del marxismo y sus movimientos afines
es que combaten la religión, y el vacío dejado por ella da paso a
un nacionalismo radical que sacraliza los conceptos de patria y
nación, dando lugar a un culto seudo religioso en el que se adora
la identidad colectiva. En torno a estos conceptos se desarrollan
ideologías que buscan una adhesión apasionada de la gente.

Estas ideologías –como el comunismo, el anarquismo o el
liberalismo– establecen su propia definición del bien y del mal,
denuestan los valores tradicionales que han regido en la sociedad
a lo largo de los siglos, prometen la felicidad en este mundo y
ofrecen unos eslóganes destinados a provocar el entusiasmo de sus
seguidores. Pero su propia dinámica les hace cometer los mismos
excesos que dicen combatir, y en su nombre se legitiman todo tipo
de desmanes.

Otra corriente filosófica contemporánea que merece ocupar
un lugar destacado es el *Existencialismo*; una doctrina filosófica
que funda el conocimiento de la realidad en la experiencia inme-
diata de la propia existencia. El existencialismo nace con Sören

Kierkegaard –autor cristiano–, y aunque sigue existiendo un importante movimiento cristiano dentro esta corriente filosófica, quizás el grueso del movimiento esté marcado por la interpretación materialista de la Naturaleza, la negación de Dios y la crítica a la religión. Entre los existencialistas ateos podemos destacar a Friedrich Nietzsche, Martin Heidegger y Jean Paul Sartre, y entre los cristianos, a Sören Kierkegaard, Karl Jaspers y Gabriel Marcel. A mediados del siglo XX el existencialismo toma forma de humanismo, pero un humanismo triste y angustioso, cuyos principales exponentes son Jean Paul Sartre y Albert Camus.

Otro movimiento filosófico importante de la época es el *Positivismo*, cuyo origen hay que buscarlo en la primera mitad del siglo XIX de la mano de Auguste Comte, aunque su influencia se da principalmente a principios del siglo XX. El positivismo es empirismo radical. Sus partidarios afirman que el único conocimiento significativo es el científico, y que tal conocimiento solo puede nacer de la verificación o refutación empírica de las hipótesis planteadas. En torno al positivismo nace la cultura cientifista que afirma no existir más realidad que la realidad científica, y que a través de la ciencia se van a superar todos los problemas de la humanidad. Podemos mencionar también a Claude Helvetius y Henri de Saint-Simón.

Íntimamente relacionada con el positivismo, encontramos la *Filosofía analítica*, que pone el énfasis en el lenguaje y propone aplicar los principios de la lógica a la elaboración de conceptos. Dentro de esta corriente conviene mencionar el *Círculo de Viena*; un grupo de científicos y filósofos que aboga por la concepción científica del mundo y la supresión de la metafísica. Su filosofía se conoce con el nombre de "Empirismo Lógico", y sus representantes más conocidos son Bertrand Russell y Ludwig Wittgenstein.

La *Fenomenología trascendental* es una forma de existencialismo que se opone al positivismo y que propone centrarse en las vivencias cotidianas (y no en los objetos) para hallar el significado de lo que somos. Su fundador es Edmund Husserl, y su figura más destacada Martin Heidegger. Nos ocuparemos de ella al hablar de los filósofos.

En este ambiente confuso, la filosofía del siglo veinte se caracteriza por el rechazo de la metafísica, la ausencia de sistemas filosóficos globales, la ideologización y atomización de teorías, y su referencia frecuente a aspectos secundarios de la esencia filosófica. Con las debidas excepciones, la filosofía entra en una dinámica distinta empujada por una mentalidad cientifista que goza de gran prestigio y que no admite competidores. Como dice Wittgenstein: «De lo que no se puede hablar es mejor callar». O como declara Stephen Hawking con el énfasis que le caracteriza: «La filosofía ha muerto».

Los filósofos

Friedrich Hegel (1770-1831) desarrolla el último sistema filosófico global de la historia. Centra su filosofía en la relación entre Dios y el mundo, y en ella propone un Dios dinámico que va tomando conciencia de sí mismo en la conciencia racional de los hombres. A esta conciencia la llama "espíritu universal"; un espíritu que se va construyendo a través el avance de la humanidad en conocimiento científico, filosófico o teológico, lo que significa que nuestra actividad racional propicia la realización de Dios en la historia. El espíritu universal progresa por medio de la lógica dialéctica, es decir, del proceso –millones de veces repetido– que comprende la formulación de una tesis, su crítica o negación (antítesis), y la síntesis posterior.

Sobre esta base, Hegel formula el "deber del intelecto" (equivalente al "deber moral" de Kant), que es la obligación de cada persona de contribuir al progreso del conocimiento humano, es decir, al desarrollo del *espíritu universal* y en definitiva a la realización del Espíritu Absoluto; de Dios.

La filosofía de Hegel es muy ambigua, y se ha convertido en referente tanto para la derecha política como para la izquierda. La derecha hegeliana ve compatibilidad entre su filosofía y el cristianismo, mientras que la izquierda hegeliana rechaza toda interpretación religiosa de su filosofía. Marx coincide con Hegel en que a través de la dialéctica la humanidad camina hacia su plenitud. Hitler se inspira en su teoría sobre el estado absoluto y en su visión nacionalista y racista del idealismo alemán para basar en ello el nazismo: «Sólo el mundo germánico –dice– como encarnación del verdadero cristianismo, representa la auténtica libertad».

Sören Kierkegaard (1813-1855), combina su existencialismo con una profunda fe religiosa. Critica el saber metafísico cuando este saber no influye en la vida del sujeto; es decir, cuando el saber es una mera posesión de verdades que no transforman al individuo.

Define tres estadios o fases en el desarrollo de la vida humana. La fase estética, en la que el hombre busca la felicidad y rehúye el aburrimiento persiguiendo el placer inmediato y cultivando las apariencias. La fase ética en la que busca la felicidad a través de un intenso y apasionado compromiso con el deber. Y la fase religiosa, en la que el ser humano se somete a la voluntad de Dios.

El comportamiento *estético* –dice– provoca vacío, angustia y desesperación. La angustia es la mejor prueba de que el hombre no puede vivir de espaldas a lo eterno que hay en él. La *ética* –añade– invita al hombre a no poner en lo más alto la felicidad y le enseña a ser feliz incluso en la desgracia, pero la rigidez de los comportamientos éticos puede llegar a cansar o aburrir. Es entonces cuando el hombre puede retroceder a la fase estética, o remontarse a la fase religiosa y encontrar la plenitud en su relación con Dios.

Para Kierkegaard, solo el saber ético concierne a quien quiere ser consecuente con su existencia. «Lo que podemos conocer con la razón –dice– no es lo esencial de la existencia; a las preguntas esenciales, sólo se puede llegar desde la fe». La ética exige al hombre el compromiso y la acción, mientras que el saber objetivo (la ciencia) supone posponer de manera indefinida el cara a cara con la verdadera realidad.

Auguste Comte (1798-1857) divide la historia de la humanidad en tres estadios; el teológico, en que se postulan dioses invisibles; el metafísico, en que los dioses se convierten en abstracciones filosóficas; y el científico, en que se busca la descripción y control de la Naturaleza, y donde "la religión de la humanidad" (la ciencia), suplanta al cristianismo.

Los problemas sociales y morales deben recibir un tratamiento científico para ser abordados con garantías de éxito, y en consecuencia ve en la sociología –la ciencia centrada en lo social–, y no en la religión, la respuesta a los problemas del hombre y la humanidad. Fundador del positivismo, define la filosofía positiva como la ciencia de lo fenoménico, de lo real, huyendo así de cualquier esencialismo inútil que no nos da certezas ni nos permite construir nada sobre él. Tiene una fe ciega en la capacidad de la ciencia para contestar a todas las preguntas y resolver todos los problemas, constituyéndola así en una nueva religión.

Friedrich Nietzsche (1844-1900) afirma que la creencia en Dios es la creencia en la nada, y niega todo tipo de fundamento trascendente del mundo sensible en el que vivimos: «El mundo suprasensible no es más que una entelequia que forja nuestra mente como superación de la única realidad que existe». Añade que el hecho de recurrir a él es la forma de intentar evadirse de la vida con sus alegrías y sufrimientos; una actitud propia de «espíritus ruines que odian la vida tal como es», que son incapaces de aceptar nuestro destino, y que por tanto, tratan de convertir la vida en algo que nada tiene que ver con la auténtica realidad.

El hombre occidental –afirma– ha matado a Dios expulsándolo paulatinamente de su pensamiento, y cuando cae en la cuenta de lo que ha hecho, queda anonadado, desorientado e incapaz de dar un sentido a su vida. En un principio el resultado de la muerte de Dios es el nihilismo, es decir, la negación de toda creencia y de todo principio religioso, político o social. Pero pasado el aturdimiento inicial, el hombre se apoya en la razón para autoafirmarse en sí mismo y alumbrar una nueva concepción del ser humano –el superhombre– basada en la voluntad de poder.

No obstante, para dar sentido a la vida del hombre nuevo –el superhombre o suprahumano que surge tras la muerte de Dios– retoma un viejo concepto estoico, el "eterno retorno", que en cierto modo trata de sustituir al "más allá" de los cristianos, intentando mostrar que nuestros actos tienen un valor infinito y así darle un sentido ¿trascendente? a su superhombre.

Edmund Husserl (1858-1938) funda la "Fenomenología trascendental", la cual propone centrarse en las vivencias, y no en los objetos, para hallar el significado de lo que somos. Se opone al positivismo cientifista y reivindica la perspectiva del sujeto como único cauce para el conocimiento integral del propio individuo y de la sociedad. Por tanto, la fenomenología trascendental acomete la tarea de describir el auténtico sentido que el mundo tiene para las personas.

Husserl ve a su época hundida en una severa crisis cultural, política y moral, y considera que el progreso del mundo es degradante. La ciencia nos hace perder la perspectiva humana de las cosas y el sentido de la vida del ser humano. Afirma que la razón se está limitando a sí misma cuando sólo considera verdad lo verificable, y sostiene que es necesario descubrir el sentido que el mundo tiene para nosotros antes de ponernos a filosofar.

Ludwig Wittgenstein (1889-1951) es un filósofo analítico que da una importancia capital al lenguaje y a él dedica su obra. El pensamiento de su primera etapa está recogido en un libro titulado *"Tractatus lógico–philosóficus"*, en el que se enfrenta desde la perspectiva lógica a los problemas centrales de la filosofía relacionados con el mundo, el pensamiento y el lenguaje.

Concibe el mundo como la "totalidad de los hechos" que ocurren, y por tanto afirma que «la única función del lenguaje es la descripción de hechos». Sobre esta premisa propugna la búsqueda de un lenguaje inmutable basado en el análisis lógico de los conceptos. Añade que el único lenguaje significativo es el referido a la realidad verificable (a los hechos), lo que significa que el resto de proposiciones (metafísicas o religiosas) no tienen significado. «De lo que no se puede hablar, es mejor callar».

En su segunda etapa se cuestiona muchas cosas que había dado por supuestas en la primera. El primer Wittgenstein cree absurdo rebasar los límites del lenguaje significativo (referido a hechos), mientras que el segundo, lo que califica de absurdo es usarlo fuera de contexto. El primer Wittgenstein propugna un lenguaje descriptivo, mientras que el segundo cae en la cuenta que la función descriptiva del lenguaje es simplemente una más.

Martin Heidegger (1889-1976) afirma que la tarea de la filosofía consiste en determinar plena y completamente el sentido del "ser", no de los entes, diferenciando el "ser" de los "entes que son". Pretende pensar en el ser sin referirlo al ente y sin recurrir a Dios, con lo que sólo le queda una mística del ser ante la que no hay recurso racional alguno. Se apropia del lenguaje religioso para aplicarlo al ser a pesar de su rechazo manifiesto a identificar al ser con Dios.

Sólo hay un ente a través del cual se puede llegar al ser, y éste es el *"dasein"*, es decir, el "ser ahí"; el ser arrojado al mundo que se va a preguntar por "el ser", es decir, el hombre abocado a vivir temporalmente en este mundo. El dasein es un "ser para la muerte", que no solo muere, sino que sabe que va a morir y se angustia por ello. Este hombre es consciente de que viene de la nada y camina hacia la nada, y eso le angustia y le lleva a vivir ajeno a esa realidad. Pero si quiere apropiarse de un destino auténtico, debe aceptar que somos finitos, asumir la angustia de caminar hacia la nada, renunciar a disfrutar de las posibilidades que se abren ante él, correr el riesgo de equivocarse y arrepentirse, vivir cada momento de su vida consciente de que va a morir.

Critica la ciencia y los procedimientos analíticos y discursivos en general, porque se ocupan del ente, ignorando el ser en sí mismo, es decir, se ocupan de la esencia de las cosas y no de su existencia. Propone abandonar el racionalismo científico y centrarse en experiencias relativas al ser en sí mismo, y ello, siguiendo los principios de la fenomenología transcendental de Husserl.

La pregunta por Dios —añade— brota inevitablemente, pero sin que racionalmente podamos decir nada de Él; ni demostrarlo, ni deducirlo, pues si tratamos de hacerlo, convertimos a Dios en una construcción humana. Afirma que la filosofía cristiana pretende ser filosofía manipulando a Dios, y añade que solo se puede hablar del Dios cristiano desde el crucificado. Critica el cristianismo helenizado, y se pregunta si se puede rezar y adorar al Dios causal, fundamento de todo cuanto existe. Desarrolla así una filosofía existencialista, de carácter ateo y nihilista.

Jean Paul Sartre (1905-1980) es un existencialista ateo afín al partido comunista. Define su existencialismo como humanismo, pues su único punto de partida es el ser humano. Pero no es un humanismo exultante como el del Renacimiento, sino sombrío. El hombre se da cuenta de que existe, de que va a morir y que no tiene donde agarrarse para afrontar la vida, y esto le produce angustia. Se siente extraño en el mundo y cae en la desesperación, porque el mundo es absurdo; no tiene ningún sentido.

No existe la naturaleza humana ni un sentido general de la vida, y cada uno debe encontrar el sentido de su propia existencia.

La existencia del hombre es anterior a su esencia, pues al nacer no es nada; sólo será después y será lo que él haya hecho de sí mismo. Tenemos que elegir cómo queremos vivir sin ninguna ayuda, porque no existen normas ni valores eternos que muestren el camino, ni nada que nos libre de la responsabilidad de nuestros actos. Somos los únicos responsables de los mismos. Estamos condenados a ser libres; a tener que elegir durante toda la vida con el riesgo de equivocarnos.

Religión

En la segunda mitad del siglo XX concurren varios factores que juegan en contra del sentimiento religioso, lo que provoca una profunda crisis que se manifiesta en la creciente indiferencia de la gente ante el hecho religioso.

La religión parece incompatible con la cultura materialista que se ha instalado en el mundo; una cultura que es el fruto, por una parte, del gran impacto que ha tenido el positivismo en los planteamientos filosóficos del siglo XX, por otra, del bienestar que la sociedad de consumo proporciona a los ciudadanos haciéndoles olvidar cualquier inquietud trascendente, y finalmente, de la sacralización de esta forma de plantear la vida en unos medios de comunicación con enorme ascendencia en la opinión pública. Como afirma Juan Antonio Estrada (1945-….): «El progreso del más acá va a sustituir a la expectativa del más allá».

Defendiendo intereses comerciales en unos casos, y posiciones ideológicas en otros, se atacan implícita o explícitamente los valores de la sociedad tradicional (que se presentan como signo de puerilidad e inmadurez), y se ponderan otros nuevos so pretexto de progreso y modernidad. La televisión ha sido un factor decisivo en este proceso, pues ha sido tal su influencia en la gente, que en pocos años ha logrado alumbrar una nueva sociedad en la que la dimensión espiritual del ciudadano medio ha quedado laminada.

Otro factor que sin duda ha influido en esta situación es el gran prestigio del que goza la ciencia y su influencia en la opinión pública, pues una parte de la comunidad científica (la más propensa a hacer públicas sus opiniones) propugna un mundo que no precisa de un Dios creador para explicar la realidad que percibimos, y eso socaba las creencias de muchos.

Si a esto unimos el tratamiento sensacionalista que los medios dan a los logros científicos, nos va quedando la sensación de que la ciencia está estrechando cada vez más el espacio necesario para creer en Dios, y que acabará demostrando que el mundo es un mecanismo autónomo que no precisa de ningún designio divino para existir o seguir funcionando.

En estas circunstancias, en los años sesenta se populariza la idea del declive definitivo de la religión en las sociedades avanzadas, y comienza a ser normal oír frases tan contundentes como: «Las religiones fueron las niñeras de los pueblos, pero nuestro mundo es ahora adulto y no acepta la tutela de los dioses», o esta otra, «Los descubrimientos científicos hacen que las religiones se tambaleen y se conviertan en grupos marginales en extinción que ya no significan nada en la marcha del mundo». Y es que en base a la secularización que está sufriendo la sociedad en este tiempo, se da en vaticinar la marginación progresiva de la religión hasta llegar a su definitiva desaparición.

También hay quien no se resigna a esperar que la religión muera de muerte natural y propugna combatirla en nombre del progreso. Los tres "maestros de la sospecha", Marx, Nietzsche y Freud, con gran influencia en la ideología del siglo XX, estudian la religión con el propósito de superarla. Su argumento principal es que la religión se opone a la plena emancipación humana, y que el hombre sólo se emancipará a través de un humanismo centrado en una ética desprovista de teología; es decir, a través de una doctrina humanista que promueva la solidaridad, la justicia y la paz. Pero la esencia religiosa se ha mostrado insustituible, y el propio desarrollo de los acontecimientos se está encargando de demostrar que las necesidades humanas trascienden el ámbito de lo material y conceptual. Es un hecho cierto que la ética se ha emancipado de la religión, pero también lo es que la ética basada en la razón está muy lejos de poseer la capacidad de motivar al bien de la ética religiosa basada en convicciones. También las funciones humanitarias de la religión han perdido peso al haber sido asumidas por el Estado, pero le quedan restos importantes, como el tercer mundo, los marginados de las sociedades desarrolladas, la defensa de la vida y la lucha por los derechos humanos. Finalmente, su función educativa subsiste por su calidad, ideario ético-religioso y eficacia docente.

Segunda parte
El nuevo paradigma

7

La encrucijada

Ha habido momentos gloriosos de la historia en los que el progreso humano ha sido patente, y otros en los que no se ha apreciado progreso alguno o se ha producido un retroceso palpable. No obstante, y a pesar de esos vaivenes, la sociedad humana, vista con suficiente perspectiva, ha estado progresando en sentido positivo desde el comienzo. Hemos pasado de la esclavitud o las condiciones degradantes de trabajo, a los tribunales laborales; de la inquisición a la declaración de los derechos humanos; del analfabetismo al derecho universal a la educación, del enaltecimiento de la guerra a su denuesto; y tantas cosas más.

Ahora nos toca a nosotros escribirla; hacer nuestra aportación al *espíritu universal* que lleva cientos de siglos configurándose y configurando la sociedad, y la pregunta que surge inmediatamente es si nuestra contribución está siendo positiva en términos de progreso, o negativa. Y ésta es sin duda una pregunta importante, pero con trampa incluida, pues según sea lo que entendamos por progreso, la respuesta será una o la contraria; lo que significa que antes de afrontarla debemos hacernos otra pregunta que debe condicionar todo el razonamiento:

¿Qué entendemos por progreso?

El término *progreso* se entiende usualmente como el desarrollo político, científico y cultural de un pueblo ligado por lo general al logro de un determinado nivel de vida; y ésta es una acepción difícilmente rebatible, pero claramente insuficiente. Nos parece más propio definir el progreso en términos de *humanización*, pues así se le dota de un sentido más pleno y acorde a nuestra naturaleza. Una sociedad progresa si se humaniza, y si no se humaniza es que no está progresando por muy próspera que sea.

Desde esta perspectiva, el progreso exige armonía entre lo material, lo racional y lo espiritual, pues si uno de ellos crece demasiado en detrimento de los otros, ese progreso es ficticio y provoca unos efectos que no sólo no potencian nuestra condición humana, sino que la socaban. En la actualidad se da un desequilibrio importante en favor de lo material y conceptual, y este hecho, fruto de la cultura positivista imperante en nuestra sociedad, compromete el progreso humano tal como lo acabamos de definir y nos sitúa en una encrucijada decisiva de cara al futuro.

Esta encrucijada nos abre a dos caminos que llevan a lugares muy diferentes. Uno de ellos retorna a la sociedad tradicional vigente en el mundo hasta hace muy pocas décadas. Sus rasgos más sobresalientes son la búsqueda del sentido de la vida en Dios, la fe en la singularidad y la dignidad del ser humano, y la esperanza de más vida después de la muerte.

El otro no es propiamente un camino, pues no nos lleva a ningún sitio distinto del que actualmente estamos; es decir, una sociedad positivista que nos insta a concebir al ser humano como un animal más evolucionado que los demás, pero que comparte con el resto de animales su destino: morir y desaparecer; que nos invita a buscar la felicidad y el sentido de nuestra vida en este mundo, y mantiene viva la esperanza en que la ciencia acabe por encontrar las respuestas a todos los problemas que hoy aquejan a la humanidad; incluidas la enfermedad y la muerte...

Y una vez más estamos inmersos en la dialéctica de Hegel; tesis trascendente y antítesis materialista. Esta dialéctica no es nueva, ni mucho menos, pero en este caso somos nosotros los que estamos en el campo de batalla; una batalla que involucra a todos y va a decidir el rumbo que tome la humanidad en los próximos tiempos. Como ya ocurrió en la segunda guerra mundial, lo que está en juego es la cultura que va a prevalecer en el mundo, aunque en este caso los dos modelos en liza son otros: por una parte, la sociedad actual basada en el bienestar, y por otra, la sociedad tradicional basada en la búsqueda del sentido de la vida.

Dicho de otro modo, en nuestra generación y las que inmediatamente le sucedan, está la clave para que la forma de vivir que hoy tenemos se perpetúe, o se produzca un Renacimiento como el ocurrido en el siglo dieciséis tras la Edad Media; es decir, para que el ser humano abrace definitivamente las tesis reduccionistas y deterministas propias de nuestro tiempo, o se abra a un humanismo renacido que barra esa visión triste y decepcionante de nosotros mismos que nos propone la sociedad actual.

Y no es fácil que se produzca el cambio, porque el positivismo se presenta a los ciudadanos esgrimiendo importantes logros tangibles que no se limitan a lo material, sino que incluyen innegables avances sociales con respecto a épocas anteriores. Por el contrario, los argumentos de quienes propugnan el retorno a la sociedad tradicional son de carácter intangible y ya no calan en el ánimo de los ciudadanos del siglo XXI.

Pero profundicemos un poco más en estos argumentos.

8

La cara y la cruz

Para los hombres y mujeres que viven con anterioridad al siglo veinte, la vida es sinónimo de dificultad, de inseguridad y de opresión, y en esas condiciones vuelven la mirada a su interior y se refugian en él. Pero la seguridad jurídica y la prosperidad económica alcanzadas en ese siglo hacen que el hombre se abra al mundo, clausure la puerta de entrada a su yo íntimo, y comience a olvidar los valores y creencias que habían guiado la trayectoria vital de sus mayores.

Podemos decir que gracias a la ciencia (y al desarrollo económico y social fruto de este desarrollo), el mundo deja de ser un valle de lágrimas, y comienza a merecer la pena vivir en él. Ya no es necesario esperar la vida después de la muerte para alcanzar la felicidad, porque puede encontrarse en este mundo...

Y es evidente que la mejora de las condiciones de vida de las personas supone un logro de gran importancia para la humanidad; un logro que parece dar la razón a quienes habían apostado por esta forma de progreso. Pero también es cierto que esa prosperidad nos mueve a vivir un hedonismo refinado contra el que Kierkegaard nos previene advirtiéndonos de que provoca vacío, angustia y desesperación... y no debía estar muy errado en su análisis, porque para llenar ese vacío y esa angustia nos refugiamos de manera creciente en el trabajo compulsivo, el ocio compulsivo el alcohol y las drogas.

Gracias también a la ciencia se produce la revolución industrial del siglo XIX, y gracias a la industria se crean millones de puestos de trabajo. En un principio resulta habitual que los trabajadores se vean explotados con jornadas extenuantes y bajos salarios, pero poco a poco, y por causas diversas, esos proletarios explotados se convierten en clase media con capacidad adquisitiva y unos niveles de bienestar impensables hacía tan sólo unas décadas. De esta forma, artículos antes reservados a los ricos, como el coche, o actividades minoritarias, como el turismo, pasan a estar al alcance de casi todos.

Pero este progreso se ha logrado gracias a la sobreexplotación de los recursos naturales y una agresión al medioambiente sin precedentes en la historia. Y al hablar de agresión nos referimos a los gases que emitimos a la atmósfera o los vertidos que arrojamos al mar, nos referimos a los plásticos y basuras que se acumulan por doquier, pero sobre todo nos referimos al cambio climático. Nuestra forma de vivir genera tal volumen de gases de efecto invernadero, que cada año que pasa el clima es más cálido y más extremo; y lo peor es que no sabemos hasta dónde va a llegar.

Gracias también a la ciencia, la medicina ha experimentado un gran avance y se ha paliado en gran medida el dolor humano. Se han inventado las vacunas, y muchas enfermedades que antes eran mortales hoy se han erradicado o han dejado de serlo. Pero el estrés, la contaminación, la vida sedentaria y el abuso de medicamentos fruto de nuestra cultura consumista, han propiciado la aparición de nuevas enfermedades y la disminución de nuestras defensas naturales, lo que ha traído como consecuencia que el número de personas enfermas no deje de crecer.

Por otra parte, el avance de la medicina (hecho extraordinariamente positivo en sí mismo) ha provocado que la selección natural haya dejado de actuar en la especie humana, por lo que estamos condenados a una regresión genética a largo plazo que quizá no tarde en hacerse patente. Y sabemos que esto es inevitable si no queremos dejar desatendidos a los enfermos, pero también es un hecho evidente que no se debe obviar. Si a esto unimos los argumentos esgrimidos en el párrafo anterior, llegamos a la conclusión de que caminamos hacia una humanidad debilitada, cada vez menos autoprotegida por sus propias defensas naturales y más dependiente de la medicina.

Cabe también resaltar el avance de las técnicas agrícolas, pues gracias a ellas es posible el incremento sustancial de las zonas cultivadas y la mejora de las cosechas. Tenemos capacidad para alimentar a todo el género humano a pesar del constante aumento demográfico, pero es tan acusada la desigualdad entre los distintos pueblos que habitan la Tierra, que una importante porción de la humanidad pasa hambre.

Y así llegamos a la desigualdad; otro aspecto muy relacionado con el desarrollo tecnológico. Los ciudadanos de las zonas del mundo más desarrolladas tienen acceso a la sanidad y la educación, tienen garantizada la pensión de jubilación, disfrutan de una seguridad económica y jurídica inéditas en etapas previas de la historia, poseen una vivienda, disponen de coche, televisión, ordenador y móvil, y puedan permitirse un ocio caro y en muchas ocasiones al otro extremo del mundo. Por el contrario, en otras regiones los ciudadanos carecen incluso de los recursos necesarios para la vida. En una conferencia dada en Pamplona, Jon Sobrino (1938-….), jesuita destinado en El Salvador, decía lo siguiente: «A una gran parte de la humanidad le cuesta sobrevivir; no dan por supuesta la vida; su mayor problema es mantenerse vivos cada día».

Tanto las regiones ricas como las pobres (aunque más las segundas) sufren con creciente intensidad los rigores de una Naturaleza gravemente enferma, y deben vivir con la permanente incertidumbre de la evolución de su hábitat. Y ésta no es su única preocupación, pues saben que hay en el mundo tal cúmulo de armas de destrucción masiva, que con ellas podemos destruirlo varias veces... Como es natural, todos tememos que en algún momento algún loco decida apretar el botón y mandar todo al traste.

Ante este panorama, Hans Jonas (1903-1993) advierte que «el poder combinado de la ciencia y la economía está llevando a este mundo al desastre», y añade que «la promesa de redención con la que se presentó la ciencia se ha convertido en la mayor amenaza de la historia».

Pero la amenaza no se limita a lo material, sino que es mucho más profunda, pues llevamos camino de desterrar las creencias seculares que dan sentido a nuestra vida y nos ofrecen unos valores propios y exclusivos de los seres humanos. Por primera vez en la historia, nos hemos embarcado en la aventura de vivir de forma mayoritaria una existencia sin finalidad ni sentido condenada a desaparecer con la muerte, y esta temeridad ha dado lugar a un sinfín de crisis profundas, a veces soterradas, cuyo denominador común es la crisis de sentido que padecemos...

Como ya hemos indicado, esta situación, con sus luces y sus sombras, es en gran medida fruto del actual desarrollo científico y tecnológico, con lo que la ciencia ha demostrado ser capaz de convertirse en una fuerza redentora que nos libera de la servidumbre a la que siempre nos ha sometido la Naturaleza, y también en una amenaza de tal envergadura, que puede acabar con nuestra civilización o, quién sabe, si con el género humano; todo depende del uso que hagamos de ella.

Y la pregunta es: ¿llevamos camino de lo uno o de lo otro?

9

El cambio de paradigma

Como decía Comte: «Hemos suplantado la religión tradicional por la religión de la humanidad» (la ciencia), y esto ha traído aparejado un cambio radical en el escenario en el que se mueven nuestras vidas. Tradicionalmente el ser humano ha vivido con la esperanza de encontrar más vida tras la muerte, pero en la actualidad hemos reducido nuestras expectativas de vida a lo tangible o entendible «ignorando lo eterno que hay en nosotros» (como dice Kierkegaard), y esto invita a pasar por ella sin preguntarnos por su sentido, ni qué pintamos en este mundo o si se espera algo de nosotros.

¿Pero cómo se ha producido este cambio radical en la forma de concebir la vida?

En el siglo XVIII, algunos autores como Claude Helvetius, Henri de Saint-Simón, Ernst Mach o el propio Auguste Comte atribuyen a la ciencia la capacidad de redimir al hombre de sus servidumbres ancestrales, pues gracias a ella íbamos a ser capaces de dominar la Naturaleza, vencer la enfermedad y lograr aquí la felicidad que la religión promete para después la muerte. Por supuesto, su promesa de redención nunca se cumplió, y dos siglos después, la enfermedad subsiste, la Naturaleza agoniza, el ser humano olvida su humanidad, ignora el sentido de su vida y camina errático dando palos de ciego…

Pero su discurso no fue en vano, pues este culto desmedido a la ciencia da lugar al positivismo cientifista que prende en muchos ambientes de la época y se mantiene hasta nuestros días. Comienza a ser normal el rechazo a la idea de Dios, y se propone como alternativa a la religión un humanismo ateo que considera pueril la práctica religiosa. «Hay que liberar al hombre de los prejuicios que le han alienado a lo largo de la historia» –dicen–, y de lo primero que hay que liberarle es de ese Dios imaginario que le oprime, le infantiliza y le impide avanzar; que no le sirve para nada y entorpece el camino del progreso

Para los filósofos que abrazan esta tesis, la sociedad religiosa tradicional es algo del pasado sólo apta para niños y gente inmadura. Sólo por mencionar a los más relevantes, Sigmund Freud (1856-1939) define la religión como "patología social" que confunde fenómenos psíquicos con realidades. Marx la llama el "opio del pueblo" que mantiene al hombre ausente e inactivo ante la injusticia social. Bertrand Russell (1872-1970) plantea que si Dios existiese tendríamos noticia de su existencia. Nietzsche afirma que *«Dios ha muerto»*, y recoge magistralmente esta situación en su libro *La gaya ciencia*:

> *Aquel hombre, frenético o loco, no dejaba de gritar: "¡Busco a Dios! ¿Qué ha sido de Dios?"… Fulminándolos con la mirada, agregó: "Os lo voy a decir. Lo hemos matado. Vosotros y yo lo hemos matado. Hemos dejado esta tierra sin sol, sin orden, sin quién la conduzca… Vagamos como a través de una nada infinita…".*

Nietzsche no pretende decir que antes existía Dios y ahora ha muerto, sino que la idea de Dios ha muerto en nuestra cultura; que ha dejado de ser el centro de nuestra existencia. Y aunque el loco hace este anuncio acompañado de gran desasosiego (*¿y qué va a* *ser ahora de nosotros?*), en realidad Nietzsche lo tenía muy claro: la muerte de Dios iba a hacer surgir en nosotros el superhombre que llevamos dentro; un hombre a la altura de los dioses, dotado de la moral de los señores, más voluntarioso, más noble, más fuerte, capaz de imponer sus criterios...

Pero Nietzsche se equivocó, porque el hombre actual vive esclavo del consumo, maniatado por el aparato burocrático del estado, manipulado por una pléyade de demagogos desaprensivos y abrumado por mil preocupaciones banales propias de su modo de vida artificial; todo lo cual ha traído aparejadas unas consecuencias de todo tipo que vamos a tratar de reflejar a continuación.

Consecuencias inmateriales

Erich Fromm (1900-1980) afirma que el hombre actual vive pendiente de los otros hasta el punto de que su seguridad depende de no apartarse del "rebaño" (sic), y añade que «la maquinaria económica dirige sus deseos de forma que es conducido sin líderes en pos de ninguna meta; exactamente igual que si se tratase de un autómata»... Nada que ver con el sueño de Nietzsche.

Tampoco Miguel Delibes (1920-2010) parece encontrar ningún parecido con el superhombre de Nietzsche: «Merced a la televisión, el pueblo, no sólo no piensa, sino que facilita la posibilidad de hacerle pensar lo que uno quiere. La difusión de consignas va moldeando el cerebro de los ciudadanos incapacitándolos para pensar por su cuenta, de tal forma que el hombre se despersonaliza y las comunidades degeneran en unas masas amorfas, sumisas y fácilmente controlables por el poder...».

Pero es José Ortega y Gasset (1883-1955) quien mejor plantea el problema que representa la actitud e idiosincrasia del hombre masificado del que hablan Fromm y Delibes. Es importante resaltar que no se refiere a una determinada capa social o una ideología dada, sino a un fenómeno propio de todos los ámbitos y estratos de la sociedad, y, además, no de forma minoritaria sino mayoritaria.

En su libro *La rebelión de las masas*, afirma que este hombre ha perdido toda capacidad de religión y conocimiento, que se ha despojado de las únicas cosas que por su sustancia son aptas para ocupar el centro de la mente humana y ha llenado el vacío con política. El hombre vulgar –añade– es incapaz de molestarse en elaborar sus propios criterios, pero abraza con pasión los criterios que los demagogos ponen en su mente.

Vive en un mundo civilizado, le han enseñado las técnicas de la vida moderna y se han olvidado de educarle. Tiene solo apetitos y no se preocupa más que de su bienestar, pero al mismo tiempo, es insolidario con las causas de ese bienestar. No le interesan los principios de la civilización, sino poseer lo que la técnica ha puesto a su alcance…

No escucha, porque ya posee todos los criterios que necesita –aunque ninguno sea suyo– pero juzga y sentencia sin cesar. Cree tener todos los derechos y ninguna obligación. Cree, incluso, tener derecho a dar vigor de ley a los tópicos de café… «Lo característico del momento –dice Ortega– es que el alma vulgar, sabiéndose vulgar, tiene el denuedo de afirmar su derecho a la vulgaridad y la impone donde quiera... La masa arrolla todo lo diferente, egregio, individual, calificado y selecto».

Resumiendo, hemos creado un nuevo escenario basado en el bienestar, hemos reducido al ser humano a un simple animal inteligente, y como resultado ha surgido este hombre que describe Ortega; incapaz de religión y conocimiento; despojado de todo aquello con entidad para ocupar el centro de nuestra mente; que ha renunciado a encontrarle sentido a la vida, y que ha renunciado también a la felicidad entendida como plenitud (que poco tiene que ver con el confort, bienestar, alegría o euforia, que nos puede ofrecer la sociedad de consumo).

Y esto es un desastre, porque la felicidad es nuestro máximo anhelo y la sociedad actual nos está invitando a buscarla donde no está. El ser humano es el único ser sobre la Tierra con capacidad para sentir felicidad, plenitud, y la condición necesaria para lograrla es dotar a su vida de un sentido a la altura de su naturaleza. Pero las concepciones reduccionistas del ser humano ignoran una parte esencial de nosotros mismos, dificultan notablemente la posibilidad de darle a la vida un sentido a la altura de su condición humana y, como consecuencia, entorpecen (o impiden) el logro de la felicidad a la que todos aspiramos.

Detengámonos un momento en la felicidad.

La felicidad

Consciente o inconscientemente, la búsqueda de la felicidad es el motor que nos mueve a la hora de realizar todos y cada uno de los actos que realizamos, y ese impulso irresistible está indeleblemente impreso en nuestra naturaleza.

Esta evidencia, fruto de nuestra experiencia cotidiana, lleva a los eudemonistas a considerar la felicidad como el fin último del ser humano; y en mayor o menor medida todos somos eudemonistas. Como ya hemos indicado anteriormente, Gottfried Leibniz afirma que en el hombre la perfección consiste en ser feliz. Fueron eudemonistas Aristóteles y Tomás de Aquino, aunque (como también hemos indicado) este último refería la felicidad a la vida entera; la de antes y la de después de la muerte.

Pero cuando hablamos de felicidad es muy probable que cada uno de nosotros la conciba de forma diferente. En un extremo encontramos personas que devalúan el concepto y llaman felicidad a la "ausencia de inconvenientes y tropiezos" (como dice la Rae en su tercera acepción), y en el extremo opuesto las hay que le piden mucho a la vida y restringen el concepto de felicidad a un estado de "plenitud y armonía del alma" (del ánimo). Son personas que distinguen bien entre lo que es felicidad y lo que no pasa de ser una de las múltiples manifestaciones que adopta el bienestar; personas que consideran la felicidad como un estado superior relacionado con la esencia más genuina de la condición humana.

La felicidad así concebida es algo que sólo sentimos circunstancialmente, que no somos capaces de abarcar ni comprender, que no podemos definir con rigor y que sólo la identificamos cuando la sentimos. Es como si se tratase de una realidad ontológica superior a nosotros para la que todavía no estamos preparados; como un adelanto de las facultades del hombre libre de sus limitaciones; como un paisaje entre nubes que sólo vemos parcialmente, como un eslabón que nos une a algo superior en ciertos momentos de nuestra vida.

Por eso se nos escapa, nos supera, no sabemos cuándo se va a presentar o dónde buscarla. Aun en el momento en que nos sentimos felices, no sabemos en qué consiste ni cuánto va a durar. Sin duda, sobre nuestro cerebro estará actuando un aluvión de estímulos, pero ésa no puede ser la causa de la felicidad, sino el efecto; la respuesta somática a un estado del ánimo superior provocado por causas que no terminamos de identificar.

Dice Kant que nadie es capaz de determinar qué es lo que quiere cuando ansía ser feliz: ¿Quiere riqueza? ¿Quiere conocimiento y saber? ¿Quiere tener salud? ¿Quiere una larga vida?... Añade que cualquiera de estas cosas puede acarrearle indistintamente felicidad o sufrimiento, o dicho de otro modo, que nadie sabe qué es lo que le hará verdaderamente feliz.

Siendo éste un argumento válido en su conjunto, cabe objetar que las alternativas que enumera Kant como fuentes de felicidad, en realidad no lo son, porque un rasgo esencial de la felicidad es que siempre funciona de dentro a fuera, y no al revés. La felicidad no está en la satisfacción del deseo de cosas que nos vienen del exterior (como la riqueza, el saber, la salud...), y los cínicos fueron los primeros en afirmar que la felicidad no depende de factores externos, sino que se genera en nuestro interior.

Pero hay más, porque la satisfacción de deseos es el peor camino para buscar la felicidad, pues esta actitud nos hace esclavos de nuestras apetencias, y no se puede ser feliz siendo esclavo. Los estoicos, como Séneca o Cicerón, cifran la felicidad precisamente en el dominio y supresión del deseo, y lo mismo ocurre con los budistas. Sus "cuatro nobles verdades" proclaman que el origen del sufrimiento es el deseo, pero que se puede evitar a través del desprendimiento universal; justo lo contrario a lo que marca nuestra cultura.

Entonces ¿dónde podemos encontrarla?... Pues cabe pensar que si la felicidad es el fin último del ser humano, en buena lógica debe estar íntimamente ligada a lo que mejor expresa la calidad de lo humano; la *humanidad*. La auténtica felicidad, o si lo prefieren, la felicidad a la que nos estamos refiriendo, se logra a través del ejercicio de nuestra humanidad, es decir, a través de actitudes que trascienden a los demás.

Y así llegamos a esa correspondencia entre felicidad y amor (entendido como entrega) que podemos plasmar en esta sencilla frase: "La felicidad consiste en amar y ser amado". El amor es condición necesaria y suficiente para alcanzar felicidad, y otros cauces sólo nos llevan a situaciones que no van más allá del gozo. Y ya sabemos que esta afirmación choca con el testimonio de muchas personas que aseguran lograr felicidad a través de actitudes egoístas, pero creemos que esta discrepancia está motivada por la distinta concepción de felicidad que tiene cada uno de nosotros.

Resumiendo, buscamos la felicidad empujados por nuestra propia naturaleza, la cultura cientifista nos propone buscarla en el bienestar... y no la encontramos porque el bienestar no es condición ni necesaria ni suficiente para hallarla. Y no lo es, porque la felicidad, la auténtica felicidad, está supeditada a haberle encontrado un sentido a la vida de un orden muy superior al que nos proporciona la búsqueda del bienestar.

¿Pero cómo encontrar ese sentido?

El sentido de la vida

Tradicionalmente, el hombre ha buscado el sentido de la vida en Dios. Quien practica una religión sostiene que el ser humano tiene un destino marcado por Dios, y desde esta óptica se puede afirmar que la religión es un cauce para encontrar en Dios el sentido de la vida.

Por supuesto, también puede buscarse fuera de Dios, pero el gran obstáculo para encontrarlo es la propia muerte. Sabemos que la muerte es lo normal, pero la sentimos como lo más inesperado, lo más terrible, lo más absurdo, el fracaso definitivo, y ante ella la única defensa es la esperanza de encontrar más vida al traspasar su umbral. Durante generaciones esta esperanza ha sido algo habitual entre la gente, pero a partir de un momento determinado, la cultura imperante convierte esta creencia en superstición y tacha de pueriles e inmaduros a quienes la albergan.

Pero el reto de dar sentido a una vida sin Dios y con muerte no es trivial, y esto ha dado lugar a infinidad de teorías diversas. Entre ellas, las más consecuentes con lo que proclaman son las defendidas por nihilistas y hedonistas. Los primeros arguyen que este mundo es absurdo y niegan toda creencia o todo principio moral, religioso, político o social; los segundos identifican el bien con el placer, y emplean su vida en lograrlo a toda costa por distintos medios —que en muchos casos nada tienen que ver con la sensualidad—... Otra forma de afrontar la finitud de la vida es la que propugna Heidegger, cuando en su obra *El ser para la muerte* nos invita a vivir con autenticidad asumiendo como algo natural el hecho de que vamos a morir. Venimos de la «nada de antes» y vamos a la «nada de después» —dice.

También hay quien quiere ir más allá del nihilismo, el hedonismo o la resignación heideggeriana, y propone teorías más acordes con nuestra humanidad. Por ejemplo, los vitalistas —como Ortega— tratan de llenar su existencia a través de un proyecto vital entendido como vocación, como razón de ser de la persona. O los existencialistas —como Sartre— que afirman que el sentido de la vida de cada persona consiste en construirse a sí misma.

Y todas estas teorías están muy bien, pero tienen un serio problema, y es que vivimos sabiendo que todo el esfuerzo que hagamos por construirnos a nosotros mismos, o por desarrollar un proyecto vital, o por lo que sea, va a quedar destruido por la muerte. Es como si Miguel Ángel hubiese pintado la capilla Sixtina sabiendo que iba a ser destruida en el momento de ser acabada...

No nos cabe duda de que hay personas capaces de encontrar un sentido profundo a una vida que acaba en la muerte (de hecho las conocemos y tratamos con ellas), pero tenemos la impresión de que la mayoría es incapaz de hacerlo y su única salida es la banalización de su existencia. Su meta se reduce entonces a pasar por la vida sin sobresaltos; sobrenadándola sin osar zambullirse de lleno en ella; es decir, su única salida es desperdiciar el irrepetible don de la vida.

Un último apunte.

Hay personas que buscan el sentido de la vida en Dios y fracasan, y las hay que lo buscan fuera de Dios y también fracasan. Y este hecho nos lleva a formular una consideración final paralela a la que hacíamos para la felicidad (porque felicidad y sentido de la vida van siempre unidos). Si convenimos que la esencia de lo humano es la humanidad, la única forma de dar sentido a la vida será a través de su práctica. Y esto puede ser independiente de las creencias o increencias de cada uno, pues cualquier actitud vital que genera humanidad es portadora de sentido, y cualquiera otra que no lo haga provocará un vacío imposible de llenar con actividades mundanas o con prácticas religiosas.

Entonces ¿cuál es la diferencia? Pues la diferencia está en que la capacidad de la religión para motivar a comportamientos humanitarios es muy superior a la del mundo. De hecho, la praxis del cristianismo se asienta en el amor fraterno; en la humanidad.

Breve reflexión ética

El primer problema ético del mundo es la enorme (y creciente) desigualdad entre los países ricos y pobres, entre las personas ricas y pobres, con el agravante de que en la actualidad podemos producir alimentos y medicinas para todos, y que, aun así, la gente sigue muriendo de hambre y de enfermedades que aquí se curan con una aspirina. El segundo problema es la agresión que estamos infringiendo a nuestro hábitat, pero queremos circunscribir esta reflexión al desarrollo científico en sí mismo.

El dominio del hombre basado en la ciencia, lo hace poderoso y le empuja a seguir investigando, a seguir desarrollando sin más limitación que su propia capacidad. Stephen Hawking afirma: «El profundo deseo de conocimiento de la humanidad es justificación suficiente para seguir por este camino».

Y esta afirmación nos lleva a plantear los límites éticos del desarrollo científico, pues creemos que ese deseo no justifica la existencia de proyectos en disciplinas que pueden acabar borrando la vida sobre la faz de la Tierra, o que no están planteados en beneficio del conjunto de la humanidad o que ignoran la dignidad de la condición humana.

Incluso la búsqueda sincera de un futuro mejor para esta humanidad no permite apostar por algo que se pueda volver contra ella. Existe un principio, generalmente aceptado, que afirma que en asuntos de gran envergadura hay que dar más peso a los pronósticos negativos que a los positivos, pues las consecuencias que acarrearía la confirmación de los primeros, son de un orden muy superior a los inconvenientes que puedan derivarse de la renuncia a un proyecto o una línea de trabajo.

Y este principio está adquiriendo cada vez mayor importancia. Sólo por poner un ejemplo, se sospecha que la pandemia de 2020 que acabó con millones de vidas en todo el mundo, se debió a un fallo de seguridad de un laboratorio que se dedica a la manipulación de virus, y la mera posibilidad de que esto haya sido así, nos debe hacer reflexionar a fondo. O aplicamos frenos voluntarios a aquellos desarrollos que pueden poner en riesgo el futuro de la humanidad o la dignidad de las personas, o vamos a correr unos riesgos cada vez mayores.

Consecuencias materiales

En la segunda mitad del siglo XVIII, los poderes económicos caen en la cuenta de que el conocimiento básico que se obtiene en los laboratorios puede dar lugar a mejoras significativas en los diseños de productos y procesos comerciales, y a partir de ahí, la producción industrial se dispara y la economía se convierte en el motor que mueve el mundo. El sistema económico que surge como consecuencia de ello exige crecer y crecer sin cesar para evitar su quiebra, y esta exigencia se convierte en una bomba de relojería que nos está estallando en las manos.

Como consecuencia de lo anterior, en el siglo XX el desarrollo tecnológico y la mejora de los procesos productivos, propician la salida al mercado de unos artículos que simplifican notablemente la vida de los ciudadanos y la hacen más confortable. La consolidación de una clase media con recursos suficientes para adquirirlos –y unas ansias endiabladas de poseerlos– garantiza las ventas. Se produce lo que en términos técnicos se denomina una "economía de demanda", es decir, una situación en la que todo lo que se produce es inmediatamente absorbido por el mercado.

Al principio, las empresas crecen a un ritmo vertiginoso, se implantan los turnos y las cadenas de montaje y se vive una situación de pleno empleo. A pesar de ello, los mercados son eminentemente nacionales, primando los productos autóctonos sobre los importados. La competencia es escasa y casi en su totalidad doméstica y conocida, lo que propicia un tipo de establecimiento productivo pobre en inversiones e intensivo en mano de obra. Los costes de producción son muy altos si se comparan con los actuales, lo que impide que el consumo alcance los desorbitados niveles de hoy en día.

Se empieza a hablar del "estado del bienestar" basado en la garantía de las libertades públicas, la educación, la sanidad universal, la asistencia social y el acceso generalizado a los productos y servicios que hasta entonces habían sido patrimonio exclusivo de los ricos. Entre los productos estrella de la época destaca la televisión, que bombardea sin cesar a los ciudadanos y les convence sin mucho esfuerzo de que la felicidad consiste en consumir; en tener más cosas aunque no las necesite. Las compañías mercantiles caen en la cuenta del extraordinario potencial de la televisión para crear necesidades ficticias, y lo explotan con maestría. Los ciudadanos abrazan con fervor esta nueva forma de vivir, y esto se traduce en más consumo y mayores ventas.

La Naturaleza empieza a concebirse como materia prima para ser explotada, y el medioambiente comienza a sufrir las primeras agresiones graves y sistemáticas. La incipiencia del problema (que no ha alcanzado la relevancia de hoy en día) explica la falta de sensibilidad ciudadana, la ausencia de legislación específica y la resistencia de las empresas a asumir costes innecesarios, lo que trae como consecuencia que el fenómeno comience a avanzar de modo incontenible.

Pero esta situación, ya en sí delicada, se agudiza definitivamente con la apertura de mercados y la globalización de la economía. La competencia feroz que ello provoca propicia la quiebra de millones de empresas, la absorción de otras muchas por grupos multinacionales, las supertecnologías, la mecanización, la mejora de métodos, la reducción de costes, la precariedad en el empleo, el paro estructural... y en definitiva, la esquizofrenia técnico, económico, comercial que hoy padecemos.

Como consecuencia de este frenético proceso, los precios de los artículos de consumo experimentan una reducción tan considerable, que hoy son asequibles a la mayoría de ciudadanos del mundo desarrollado y, aunque en menor medida, a los de los países en vías de desarrollo. El mercado se centuplica, y la producción de bienes y servicios también.

El comercio floreciente pone mucho más dinero en circulación y hace asequibles caprichos con los que antes no soñaba la mayoría de ciudadanos. Las vacaciones en el país de origen dejan de tener aliciente, y se pone de moda disfrutarlas en Tailandia o en Cancún. Las mejores compras se hacen los fines de semana en Nueva York. Una sensación irrepetible es la de esquiar en pleno verano sin salir de la propia ciudad, o bañarse en una enorme piscina de agua templada en pleno invierno. Se impone el culto idolátrico al cuerpo –única religión verdadera para la mayoría de occidentales– que nos prohíbe convivir un solo instante con la más mínima sensación de falta de confort...

El coche utilitario que nos facilitaba el ocio del fin de semana, se convierte en el coche más grande y potente que nos podamos permitir. Además, ya no restringimos su uso, sino que lo destinamos a acompañarnos en todos nuestros desplazamientos por mínimos que estos sean. Amamos nuestro coche con todas nuestras fuerzas. Nos fascina la disponibilidad, privacidad, flexibilidad y confort que nos proporciona a la hora de desplazarnos. Nos sentimos tan bien en su interior, que olvidamos que vamos en un artefacto de tonelada y media de peso –veinte veces mayor que el de la persona que transporta– que consume energía, que mantiene embotelladas todas las ciudades del mundo y todos sus accesos, que emite miles de millones de toneladas de gases de efecto invernadero, y que genera miles de millones de toneladas de residuos no reciclables cuando lo damos de baja.

Pero si absurdo y caótico es el actual sistema de transporte, no lo es menos la gestión que hacemos del calor y el frío. A lo largo de la historia, se han combatido los efectos del calor cerrando ventanas y persianas durante el día, abriéndolas por la noche, no saliendo en las horas centrales del día, caminando por la sombra si tenemos necesidad de salir, bebiendo agua y abanicándose. Hoy, como el calor nos produce una sensación inconfortable, compramos aparatos domésticos de aire acondicionado, los ponemos a su máxima potencia cuando aprieta el calor, saturamos la capacidad de suministro de las centrales eléctricas, y generamos más toneladas de gases que degradan el planeta. Con esta práctica, dentro de unos años las temperaturas serán más altas, los acondicionadores mucho más abundantes y potentes, la emisión de gases muy superior… y el cambio climático seguirá creciendo de forma descontrolada.

Un razonamiento similar se puede hacer para la calefacción o el consumo de agua caliente. Es probable que cada uno de nosotros, individualmente, se pueda permitir unos consumos desproporcionados o suntuarios, pero la humanidad no puede. Se da la paradoja que la mayoría de locales públicos –oficina, comercios, cines, cafeterías, restaurantes...– están más calientes en invierno que en verano.

Al menos en nuestro entorno, los poderes públicos no han sido ajenos a estas prácticas insensatas. Las obras públicas faraónicas, la construcción de instalaciones que nadie demanda, iluminaciones esplendorosas de murallas, monumentos y tramos aleatorios de carretera que no precisan de tal nivel de claridad, y mil manifestaciones más que observamos a cada paso, son fiel reflejo de esa mentalidad de derroche y desprecio al impacto que nuestras acciones puedan tener en el entorno natural.

Cuando nos hacemos conscientes de la envergadura del problema ambiental que hemos generado, comenzamos a invocar a la ecología; a alardear de nuestra alta sensibilidad ecológica; a colocarla en lo más alto de nuestra escala de valores... Pero esta sensibilidad es ficticia, pues en realidad seguimos comportándonos de la forma más lesiva para el logro de lo que predicamos. La propia ecología se ha convertido en el producto de consumo más codiciado del mercado.

La ciencia y la tecnología que tantos beneficios habían reportado a la humanidad, comienzan a mostrar su lado oscuro, y su desarrollo indiscriminado comienza a ser cuestionado no sólo por los ciudadanos pensantes de a pie, sino también por una parte de la comunidad científica.

El mundo artificial

Es evidente que la técnica no invita a pensar en la Naturaleza como algo que deba ser respetado, sino explotado, y que nuestra forma de vivir de espaldas a ella nos impide amarla. Ha llegado un momento en que la capacidad del hombre para herirla, su progresivo desarraigo del medio natural y la pérdida de unos valores que actuaban como contrapeso a su egoísmo, se han convertido en un grave peligro para nuestro hábitat y por tanto para nosotros mismos.

Hoy, el mundo artificial va creciendo a costa del natural y acabará engulléndolo. Primero fueron las ciudades, luego las vías de comunicación entre ellas; cada vez más agresivas, menos permeables para que la vida discurra en torno suyo. Luego los cinturones industriales que encorsetan a los ciudadanos y los apartan aún más de su entorno natural. Cuando llenamos los valles, comenzamos a industrializar los montes; a llenarlos de instalaciones lúdicas y energéticas. Decía Heráclito que es imposible bañarse dos veces en el mismo río, porque todo fluye. Nosotros podemos asegurar que es imposible subir dos veces al mismo monte, porque cada vez que lo hacemos nos encontramos con nuevos desmanes sin sentido. Y lo mismo ocurre con cualquier vestigio de naturaleza que se ponga a nuestro alcance.

Pero ojos que no ven, corazón que no siente; y para no ver semejante exceso, nos hemos refugiado en el interior de una burbuja acompañados de nuestro deseo de comodidad y los artilugios que hemos inventado para lograrla y afianzarla. En torno nuestro hemos construido un mundo artificial de asfalto y cemento a modo de muro infranqueable; un muro que nos aísla del mundo natural, que deja fuera de nuestra vista —ajena a nosotros— la explotación de los recursos, la contaminación de los mares y los ríos, el vertido de residuos, la lluvia ácida… y las consecuencias dramáticas que todo ello tiene para millones de seres humanos que no tienen una burbuja donde cobijarse. Hemos convertido la naturaleza en una mina, fuera de nuestra vista, ajena a nuestras vidas, de la que extraemos el mineral hasta que se agote.

Pero una vez más nos equivocamos, porque fuera de la burbuja se nos han quedado muchas cosas que necesitamos, y dentro se nos han colado otras que nos amargan la vida. Fuera ha quedado esa fracción del mundo natural que a duras penas resiste los embates del progreso, y con ella, un buen número de rasgos identitarios de nuestra condición humana. Hemos renunciado al contacto con la naturaleza olvidando que es la mejor fuente de equilibrio y sosiego interno de los seres humanos; que sólo arraigándonos en ella, amándola como una parte de nosotros mismos, podremos recuperar nuestra identidad perdida.

Dentro se nos han colado las prisas, los ruidos, los humos, el estrés, el vacío, el desencanto, la angustia y, en definitiva, la pérdida del sentido de la vida. Y todo ello fruto de nuestro mundo artificial; de nuestra vida artificial; de nuestra burbuja. Fiodor Dostoievski (1821-1881) sostenía que la marcha del hombre a las ciudades, su desarraigo del medio natural, ha sido como arrancar a una criatura de los brazos de su madre; como la extirpación de un órgano que deja una carencia sustancial tanto en el cuerpo como en el alma de la persona.

El cambio climático

Es probable que dentro de las múltiples desequilibrios medioambientales que hoy padecemos, el cambio climático sea el más relevante y a él nos vamos a referir en este punto. Y no es que los demás carezcan de importancia, pero creemos que como muestra vale un botón, y éste es el más significativo.

Un cambio climático se puede definir como una variación en el estado del sistema climático global que puede tener una duración que va desde unos pocos centenares de años a millones de ellos. Afecta tanto a los valores promedio de la temperatura o la precipitación como a sus valores extremos, y está acompañado de fenómenos atmosféricos severos como sequías, tormentas, inundaciones, tifones… Un cambio climático puede estar provocado por causas naturales (como ha ocurrido en otras ocasiones a lo largo de la historia) o por la acción del hombre.

Las causas de los cambios climáticos

Un cambio climático se produce cuando se rompe el equilibrio entre la energía que la Tierra recibe del Sol y la que ésta devuelve al espacio. Si como resultado se aprecia un aumento de las temperaturas, su causa es la concentración de gases de efecto invernadero en la atmósfera, pues ello provoca que la Tierra no pueda devolver por la noche la energía de radiación que ha recibido durante el día. El gas que más contribuye a provocar este efecto es el CO_2 seguido del metano. Hay otros gases que refuerzan el fenómeno, como los clorofluorocarbonados y el óxido nitroso, pero su incidencia es muy inferior.

El dióxido de carbono se hace presente en la atmósfera de manera natural como parte del ciclo del carbono de la Tierra. Siguiendo pautas meramente naturales, los niveles de gases de efecto invernadero en la atmósfera han aumentado y disminuido a lo largo de la historia, pero han permanecido bastante constantes durante los últimos miles de años, y gracias a ello, la temperatura media se ha mantenido dentro de unos márgenes que han permitido que la civilización humana se haya desarrollado en un clima consistente.

Pero la revolución industrial de 1750 trae aparejado un incremento sustancial del consumo de la energía requerida, tanto para soportar la industria, como el transporte de personas y mercancías y la generación de electricidad. Además, el incremento del nivel de vida de los ciudadanos hace que el consumo doméstico se dispare. El problema que surge como consecuencia de estas condiciones, es que la principal fuente de energía que soporta la actividad moderna la constituyen los combustibles fósiles cuya combustión genera grandes cantidades de CO_2 que van a la atmósfera.

Tal como se muestra en el siguiente gráfico, el aumento de la concentración de CO_2 en la atmósfera ha sido superior al 30% en los últimos 70 años, y este incremento justifica que se haya roto el equilibrio existente hasta ese momento ocasionándose el cambio climático actual.

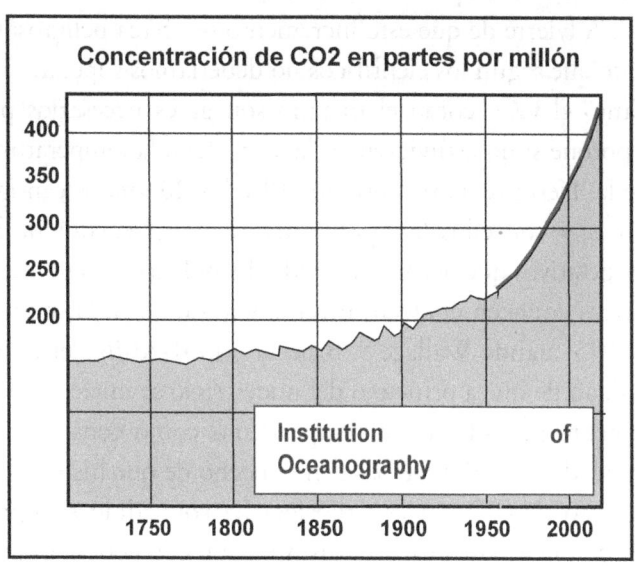

Respecto al metano, comenzaremos diciendo que proviene tanto de fuentes naturales –descomposición de la materia vegetal en los humedales y los vertederos, cultivo del arroz y estiércol del ganado–, como de la actividad humana –producción y transporte de combustibles fósiles–. El metano es un gas de efecto invernadero mucho más efectivo que el dióxido de carbono, pero se halla en mucha menor proporción en la atmósfera. No obstante, la cantidad de metano en ella se ha duplicado desde la época preindustrial.

En un informe reciente del *Panel Intergubernamental sobre Cambio Climático (IPCC)*, integrado por expertos científicos de países de todo el mundo, se advierte de que el aumento del nivel de dióxido de carbono, metano y óxido nitroso en la atmósfera durante la era industrial es el resultado de la actividad humana. En él se resalta que desde 1750 la cantidad promedio de energía del Sol ha permanecido constante o ha aumentado ligeramente, mientras que la temperatura promedio de la Tierra ha crecido en 1,5º C. Advierte de que este incremento se acerca peligrosamente al límite que según los científicos no deberíamos superar.

Tanto el CO_2 como el metano son gases necesarios para la vida, porque si no estuviesen en la atmósfera, la temperatura media de la Tierra oscilaría entre los 10 y los 20 grados centígrados negativos, y son ellos los que la mantienen alrededor de los 15 grados positivos que permiten la vida. Debido a este fenómeno, los científicos conocen el efecto invernadero desde 1824, pero no es hasta 1975 cuando Wallace S. Broecker (1931-2019) alerta sobre la posibilidad de que a principio del nuevo siglo se inicie un periodo de aumento acusado de las temperaturas como consecuencia de la actividad industrial. Se basa en el hecho de que históricamente el aumento de CO_2 en la atmósfera ha coincidido siempre con épocas de calentamiento, y su disminución con épocas glaciares.

Pero la causa inicial que provoca el proceso se suele reforzar con otros fenómenos que lo intensifican, generándose un círculo vicioso que se realimenta a sí mismo. Por ejemplo, el incremento de la temperatura de la atmósfera y de los océanos provoca la recesión de la superficie helada de la tierra, disminuye la energía solar reflejada por ellas, y este excedente de energía provoca más calentamiento alimentando el círculo. Por otra parte, los incendios, más frecuentes cuanto más alta es la temperatura, asolan grandes áreas de masa arbolada, principal sumidero de CO_2.

Por supuesto, la Naturaleza no está inerme ante esta agresión y tiene mecanismos para recuperar el equilibrio perdido. Las nubes, por ejemplo, tienen efecto regulador, pues cuando aumenta la temperatura se incrementa la evaporación de agua de los océanos, aumenta la nubosidad y disminuye la energía de radiación que llega a la Tierra. El problema es que la actividad humana puede traspasar sus límites, y cuando la acción es muy violenta, la Naturaleza no puede responder a la velocidad que se requiere.

Los efectos del cambio climático actual

De los informes de los organismos que se están ocupando del problema –como el Panel Intergubernamental IPCC ya mencionado o el Club de Roma– se desprende que los efectos que pueden producirse como consecuencia del cambio climático son los siguientes:

Durante este siglo la temperatura global del planeta puede sufrir un incremento de 4 o 5°C, lo cual nos colocaría en una situación desconocida desde hace 56 millones de años. Mucho antes de esta fecha se habrán derretido las grandes masas heladas de los casquetes polares y Groenlandia provocando una significativa subida del nivel del mar. Por otra parte, el deshielo influirá decisivamente en las corrientes oceánicas, afectando a la corriente cálida del Golfo, tan importante en el clima de muchos países. Los arrecifes coralinos quedarán asolados, arrastrando tras ellos a millones de especies marinas.

Este aumento de la temperatura provocará también récords termométricos en verano, periodo en que disminuirá la humedad del aire y se reducirá dramáticamente la producción mundial de cereales; alimento básico para las personas y el ganado. Se avanzará hacia patrones de clima severo, con huracanes frecuentes, tormentas extremas, lluvias torrenciales, sequías pertinaces, desbordamientos, inundaciones y olas de calor intenso. El ecosistema sufrirá un grave impacto (sin olvidar el ecosistema marino del que depende la pesca mundial), con aumentos desconocidos de mortalidad en la mayoría de especies, extinción masiva y abrupta de gran cantidad de ellas, deforestación severa de las zonas actualmente húmedas, y desestabilización del equilibrio ecológico de la Tierra.

La subida del nivel del mar hará desaparecer muchas islas del Pacífico, engullirá miles de playas en todos los litorales del planeta y causará daños catastróficos en muchos puntos superpoblados del sudeste asiático. Proliferarán los invertebrados, aumentarán las plagas y enfermedades emergentes, y se extenderán a todo el mundo las enfermedades subtropicales. El aumento de las sequías provocará la desecación de humerales, la erosión, la desertización, los incendios, las pérdidas de cosechas, el hambre y las grandes migraciones en busca de alimentos...

Y esto no es un relato de terror o de ciencia ficción, sino el punto de vista científico de un problema que ya ha comenzado y se puede tocar, medir y proyectar al futuro. Ya nadie se atreve a negar la realidad imparable del cambio climático, pues está ahí, y avanza a mucha mayor velocidad que la prevista en las peores predicciones. Hoy son minoría los que minimizan sus consecuencias, y cada día que pasa son menos los que niegan su carácter antropogénico, es decir, los que no ven la mano del hombre detrás de esta catástrofe.

Y es que muchos de los efectos que acabamos de mencionar son ya patentes, como el deshielo del ártico, el aumento de la temperatura oceánica, la subida del nivel del mar, la inundación de litorales, la mengua de la circulación oceánica, la destrucción de los fondos marinos y la extinción masiva de especies. En tierra, padecemos la multiplicación de fenómenos meteorológicos severos, el cambio del patrón clásico de precipitaciones, el retroceso de los glaciares de las montañas, y la desertización de extensas zonas ayer boscosas o cultivables.

Respecto a su influencia en la vida de las personas, los informes solventes más optimistas afirman que la humanidad va a padecer una escasez trágica de recursos esenciales para la vida debido a la pérdida de cosechas y la destrucción de los fondos marinos, y que, como consecuencia de ello, se van a producir migraciones masivas en busca de recursos y conflictos generalizados por obtenerlos.

Resumiendo, las conclusiones a las que llegan los científicos son desalentadoras. Algunos hablan de colapso de la civilización, y otros –como Stephen Hawking– de extinción de la especie humana.

Tercera parte
Qué nos cabe esperar

10

¿Hay solución?

Acuciados por la evidencia y urgidos por la necesidad de dar alguna respuesta a la amenaza que supone el cambio climático, los responsables de la marcha del mundo se reúnen de forma periódica en las cumbres del clima para buscar soluciones. Pero una vez cumplido el trámite, cada dirigente vuelve a su país, se encuentra con los problemas inmediatos que había dejado sobre la mesa, se centra en ellos, relega las medidas a las que se había comprometido, y la amenaza sigue agravándose hasta que vuelven a la siguiente cumbre.

Y esto, siendo así, no debe sorprendernos por dos razones. La primera, porque suele ser habitual que antepongamos lo urgente a lo importante. La segunda, porque ni nosotros ni nuestros dirigentes acabamos de creernos los vaticinios que nos llegan desde el ámbito científico, pues son tan sumamente graves que no somos capaces de asimilarlos.

Pero siendo éste un problema importante, el principal problema de estas cumbres es que los líderes allí reunidos se limitan a proponer soluciones técnico-económico-financieras a algo cuya índole requiere un tratamiento mucho más complejo; algo que combine lo político, lo económico, lo sociológico, lo axiológico, lo ético y también, por supuesto, lo técnico...

Y la pregunta es, ¿por qué no afrontan el problema en toda su amplitud? Pues visto desde fuera, y sin tratar de tener razón, da la impresión de que los líderes allí reunidos temen mucho más las consecuencias económicas que podría acarrear la aplicación de las medidas necesarias para combatirlo en serio... que al clima, y así es imposible avanzar. Da la impresión que su prioridad es mantener la economía, por cuya razón, cumbre tras cumbre, comprometen más recursos para la ciencia, más tecnología, más economía, más negocio, es decir, más de lo que nos ha abocado al desastre... Es como poner a la zorra a cuidar de las gallinas...

Es de suponer que ellos saben perfectamente que lo que falla es la escala de valores vigente en nuestra sociedad, es decir, que lo que falla es el mismo fundamento sobre el que se asientan las sociedades del siglo XXI. El modelo de sociedad basado en el bienestar y el confort se está mostrando insostenible y ya no sirve, pero la tarea de revisarlo en profundidad, y superarlo, requiere tomar medidas impopulares que afectan al estilo de vida de los ciudadanos y que pueden traer aparejada una profunda crisis económica. Requiere también que los dirigentes se olviden de momento de sí mismos, de su carrera política, en pro del interés colectivo. Requiere determinación y mucho coraje... y no parece que por el momento estén dispuestos a afrontar la tarea. Por eso se centran en los periféricos y eluden meterse en el meollo de la cuestión.

Entrando ya en materia, la principal servidumbre de nuestro modelo de sociedad es la ingente cantidad de energía que necesita para su sostenimiento, y su principal problema, que al menos el 90 % de esa energía a nivel global es de origen fósil. Los cantos de sirena de la descarbonización de la actividad humana están muy bien para fomentar la inversión y potenciar la economía, pero las alternativas que se proponen para lograrlo se están manifestando profundamente insuficientes.

Esto significa que no basta con apostar por energías limpias, sino que es preciso consumir sustancialmente menos energía, y sólo cuando caigamos en la cuenta de este principio tan sumamente sencillo comenzaremos a poner el carro detrás de los caballos; sólo entonces dejaremos de huir hacia adelante y el problema podrá entrar en vías de solución.

Pero esta política de ahorro requiere reconocer un hecho evidente que a veces se nos olvida; que quienes directa o indirectamente consumimos esa energía somos nosotros, los ciudadanos de a pie; directamente en toda nuestra actividad cotidiana, e indirectamente, comprando de manera compulsiva artículos que la industria produce consumiendo energía. Por ello, ese ahorro necesario para revertir la situación sólo se producirá cuando superemos la cultura del consumo, es decir, cuando compremos sólo lo necesario, racionalicemos nuestros desplazamientos y hagamos una gestión responsable del calor y el frío en nuestros hogares. Ni siquiera estamos hablando de abrazar una vida austera, sino de una vida más humana. Estamos hablando de vivir sin derrochar.

Hemos apuntado anteriormente que una posible razón por la que los gobernantes no toman las medidas precisas para atajar el problema, es que un menor consumo aboca a la recesión, y la recesión provoca un problema social que puede llegar a ser muy grave. Hemos alcanzado un punto en que nos hallamos atrapados entre las dos pinzas de una tenaza; la ecología y la economía. Si queremos comenzar a atajar el cambio climático, debemos moderar nuestro tren de vida, y debemos hacerlo sabiendo que necesariamente se va a desencadenar un problema social de primer orden. Si no queremos asumirlo –porque la perspectiva es realmente dura– el cambio climático seguirá avanzando hasta alcanzar esos niveles que los científicos unánimemente califican de trágicos… y es que si alguien cree que vamos a salir indemnes de esta orgía de consumo en la que estamos inmersos, es mejor que vaya pensando en otra cosa.

Podemos asirnos al clavo ardiendo de que finalmente llegaremos a una solución que evite alcanzar estos extremos, pero si repasamos con realismo las alternativas en las que se trabaja, quizá lleguemos a conclusión de que tanto individualmente cada una de ellas, como en su conjunto, van a resultar muy, muy insuficientes... a no ser que haya un programa paralelo de ahorro energético, es decir, un menor consumo tanto de energía como de bienes y servicios, lo que inevitablemente lleva aparejada una etapa de recesión y un problema social grave.

Revisemos someramente las alternativas que se están barajando.

En primer lugar está la solución tecnológica. Son muchos los que confían en que la ciencia acabará encontrando una salida definitiva a este laberinto. Y es cierto que desde el ámbito científico se están apuntando soluciones radicales para afrontar el problema (fusión nuclear, energía geotérmica, nubes reflectantes, algas, espejos...), pero ninguna de ellas tiene por el momento visos de realidad. Cada vez es más remota la posibilidad de que algún nuevo logro científico nos saque del atolladero, y resulta temerario vivir permanentemente confiados en ello. El problema es que la esperanza injustificada en soluciones cuyas probabilidades de éxito son remotas, agravan el problema, pues invitan a no modificar nuestros hábitos porque la ciencia acabará por solucionarlo.

La segunda alternativa es la descarbonización de la actividad humana, es decir, la erradicación de los combustible fósiles en la producción de energía. En la cumbre de París se puso fecha a la culminación de este proceso (2050), pero es tan irreal ese objetivo, que su formulación no pasa de ser un brindis al sol sin ningún fundamento sólido. Cabe recordar que con la crisis energética de 1973, no pocas ciudades de Estados Unidos, Canadá, Centro y Norte de Europa, decretaron que en cinco años no podrían circular por ellas los coches de combustión interna, y por supuesto aquello no tuvo ningún efecto. Sin entrar a considerar si los países ricos tienen alguna intención de acometer con seriedad esta descomunal tarea, no es realista pensar que los países en vías de desarrollo vayan a comprometer su proceso de crecimiento para solucionar un problema que ellos no han creado, y que además, carecen de capacidad financiera para afrontarlo.

Las dos alternativas reales a los combustibles fósiles son la energía nuclear y las energías renovables. Desde un punto de vista técnico, la apuesta generalizada por la energía nuclear pondría el problema medioambiental en vías de solución, pero presenta tres dificultades importantes para que se implante. El primero, el riesgo de que provoque una catástrofe como la de Chernóbil o Fukushima, aunque la experiencia adquirida y el desarrollo de la tecnología han disminuido este riesgo. El 70% de la energía eléctrica de Francia es de origen nuclear, y nunca se han producido incidentes dignos de mención. El segundo es la gestión de los residuos radioactivos que produce, pero se trata de un problema técnico con solución conocida. El tercero, y más grave, es que esta energía ha sufrido tal campaña de desprestigio, que el rechazo que genera en amplios sectores de la sociedad, y no pocas formaciones políticas, impide que la mayoría de estados la considere siquiera como alternativa.

Respecto a las energías renovables, la apuesta por ellas se está manifestando sustancialmente insuficiente, pues ni siquiera palía el incremento de emisiones de los países emergentes (como demuestran las curvas de evolución de la concentración de CO_2 en la atmósfera).

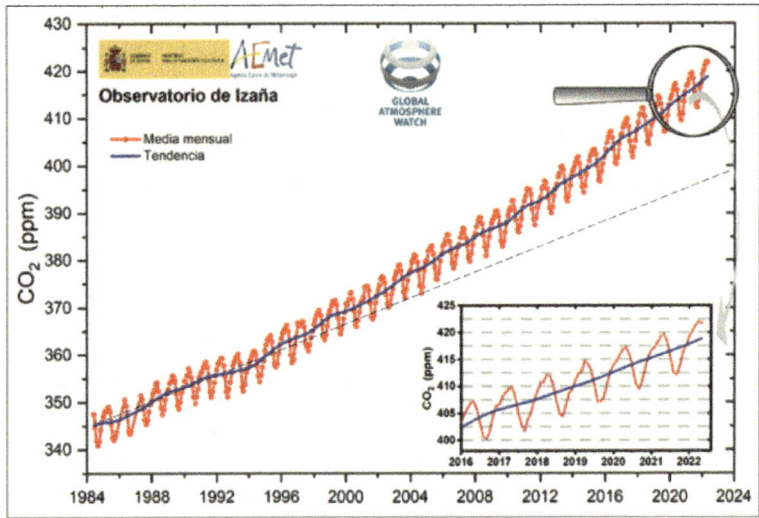

Hemos llenado los montes de aerogeneradores y los tejados de placas solares, hemos mitificado el coche eléctrico abriéndole el camino del mercado a pesar de sus serios inconvenientes, hemos creado una gran parafernalia mediática a su favor... pero la curva de concentración de CO_2 en la atmósfera sigue sin doblegarse lo más mínimo. Todo lo contrario (como se aprecia en la curva).

Un breve inciso relativo al coche eléctrico, pues en apariencia es muy ecológico, pero en realidad juega un papel negativo en cuanto al cambio climático. Por una parte, más del 90% de la energía eléctrica a nivel global se produce en centrales térmicas (las emisiones se generan en origen) y, por otra, las pérdidas que se ocasionan desde la central donde se genera la electricidad hasta el motor que mueve el coche, convierten esta solución en muy ineficiente desde el punto de vista energético.

Hay un hecho relativo a las energías renovables poco conocido y que reduce de manera importante el optimismo que generan. Los parques eólicos instalados en España alcanzan los 30.000 Mw de potencia (equivalente a 30 grupos nucleares o 50 grandes centrales térmicas), pero si no hay viento no generan ni un solo Kwh. Como los usuarios no pueden carecer de suministro en ausencia de viento, es necesario tener en reserva centrales convencionales capaces de suplir el 100% de esta energía, lo que supone tener que duplicar las instalaciones de producción y condenar al 50% a permanecer siempre ociosas. Aunque en España tuviésemos instalada potencia renovable suficiente para satisfacer todas nuestras necesidades, tendríamos que mantener las instalaciones convencionales y seguir consumiendo carbón, fuel o gas para mantener el equilibrio del sistema o en ausencia o insuficiencia de viento...

Hay propuestas para "acumular" los excedentes de energía y suplir sus valles de producción (como el "hidrógeno verde" y las centrales hidráulicas de bombeo), pero aparte los problemas prácticos que por el momento están retrasando la implantación de esta solución teórica, se requiere unos excedentes de energía que los parques de renovables están muy lejos de proporcionar. En conclusión, las energías renovables son una pieza importante para combatir el problema, pero no se pueden presentar como la solución; con hidrógeno o sin hidrógeno. Ni mucho menos.

La tercera alternativa es la reforestación para aprovechar el efecto fotosintético de las plantas (en el que se absorbe CO_2 y se devuelve oxígeno a la atmósfera). Pero si hacemos un pequeño cálculo veremos que la cosa no es tan sencilla. Se estima que las emisiones totales de CO_2 a la atmósfera alcanzan los 31.000 millones de toneladas métricas al año, y sabemos que para absorber una tonelada de CO_2 al año se precisan 40 árboles adultos. Esto significa que serían precisos un billón doscientos cuarenta mil millones de árboles para absorber el CO_2 que producimos los humanos (unos 170 árboles por persona).

Aunque pudiésemos producir tal cantidad de plantones para poder llevar a cabo una reforestación de esta envergadura, haría falta disponer de suelo suficiente para plantarlos; cosa enormemente peliaguda para quienes han estudiado el problema. La alternativa sería plantar una parte de ellos en los propios bosques aumentando la densidad de la vegetación, aunque los expertos avisan de que ello tendría un efecto muy negativo para la biodiversidad. Un problema añadido es que no se puede plantar cualquier cosa en cualquier sitio si queremos que los nuevos árboles prosperen, lo que complica sensiblemente el problema. En cualquier caso hace falta esperar entre 20 y 30 años para obtener el efecto deseado, por lo que esta estrategia (sin duda positiva) no se puede plantear como solución, sino como complemento a las soluciones adoptadas.

Y claro, si la posibilidad de que la ciencia encuentre una solución radical es remota, si las energías renovables son sustancialmente insuficientes, si la energía nuclear está proscrita, si la reforestación sólo puede considerarse un complemento a lo anterior, si los gobernantes están maniatados por la impopularidad y consecuencias de las medidas que resultarían eficaces para luchar contra el cambio climático… sólo nos queda la cuarta alternativa, quizá la más utópica, que consiste en que un número considerable y creciente de ciudadanos se percate de que no podemos permitirnos el tren de vida que llevamos, y decida cambiar sus hábitos.

Hans Jonas propone una nueva ética basada en el "principio de responsabilidad" para que el poder combinado de la ciencia y la economía no lleve al mundo al desastre… Jon Sobrino, sacerdote jesuita al que ya hemos aludido, lo expresa de otra forma: «Debemos caminar hacia la civilización de la austeridad compartida».

Resulta cada vez más evidente que sólo a través de un rearme moral generalizado se podrá paliar el monumental problema que tenemos planteado, pero cuando más precisa la humanidad de una ética que conjure el desastre que se avecina, menor carga moral existe en la conciencia ciudadana. Decimos "paliar" el problema, porque hemos llegado a un punto en que ya no tiene una solución satisfactoria.

11

Evolución previsible

Cada verano se baten nuevos récords termométricos, los mares están cada vez más calientes, los casquetes polares más consumidos, los glaciares de montaña más bajos y las fuerzas naturales más desatadas. Las sequías arrasan regiones enteras, y si no son las sequías son las lluvias torrenciales, se pierden cosechas, se agota la pesca, muchos humerales desaparecen... Y las preguntas que asaltan nuestra mente son, ¿hasta dónde va a llegar este proceso? ¿Cuántas generaciones tras la nuestra van a sufrir las consecuencias de nuestros actos?

No lo sabemos. Lo que sí sabemos es que el punto de inflexión va a depender de varios factores.

En primer lugar va a depender del ritmo de desarrollo de la economía de los países emergentes y su disposición a respetar unas medidas ambientales básicas. Parece que por el momento su prioridad es crecer al mayor ritmo posible para acercarse a los estándares occidentales, y que el resto objetivos, como el respeto al medioambiente, ocupan un lugar subsidiario. Y esto es trágico, pero difícilmente reprochable, pues no podemos pretender que tras nuestro despegue económico llevando al hábitat a una situación límite, impidamos a los demás seguir nuestro camino; por muy equivocado que a algunos nos parezca.

No debemos olvidar que la renta per cápita de los países desarrollados (los que provocan la mayor parte del problema) oscila entre los 30.000 y 80.000 dólares al año (las hay mayores). Por el contrario, la renta per cápita de los países más poblados de la Tierra, como China e India (con mil cuatrocientos millones de habitantes cada uno), está en 2.300 dólares al año en el caso de la India y 12.000 dólares en el caso de China, lo que significa que cada chino o indio medio tiene por el momento muy poca capacidad para herir el ecosistema. Pero están trabajando duro para acercarse a los niveles de occidente, y según avancen en este camino, la agresión al entorno se agudizará de tal modo, que se convertirá en el factor decisivo para configurar el futuro de la humanidad.

Pero hay otra conclusión preocupante; si con unas rentas tan bajas, el incremento de sus emisiones de CO_2 fruto de su desarrollo incipiente, compensa con creces el efecto de todas las medidas que se están aplicando en los países desarrollados (ver gráfico de pág. 142), cuando su renta se duplique, se cuadruplique o se sextuplique... ¿Cuál va a ser la evolución de esa curva?

En segundo lugar va a depender del momento en que los ciudadanos del mundo desarrollado caigamos en la cuenta de la gravedad de la situación; y es evidente que aún estamos muy lejos de hacerlo. Por el momento estamos jugando a los ecologistas con esa lasitud de quien no se cree lo que le están contando. Pasamos más calor en verano, pero ése es un problema molesto que las autoridades y los científicos (o el aire acondicionado) solucionarán sin menoscabo de nuestra capacidad de consumir ni de nuestro grado de confort.

Es previsible que a medida que se vayan agravando las consecuencias del cambio climático en nuestras propias vidas, nos vayamos concienciando de la gravedad de la situación que hemos creado, pero ésta es una dinámica que nos aboca a ir siempre por detrás del problema y a que se hagan realidad las predicciones de los científicos. Por desgracia, éste es el escenario más probable. Y el mismo razonamiento que acabamos de hacer para los ciudadanos se puede aplicar a sus dirigentes, pues todavía no terminan de creerse el riesgo que estamos corriendo. También es de esperar que cuando ellos vean que las medidas que están tomando resultan insuficientes (como todo indica que va a ocurrir), no tendrán otro remedio que coger el toro por los cuernos y tomar las medidas necesarias por muy impopulares que sean.

No nos cabe duda de que esto acabará sucediendo, pero nos tememos que ocurra demasiado tarde. Viene a nuestra memoria el histórico discurso de Winston Churchill el 13 de mayo de 1940 cuando la Alemania nazi amenazaba las costas del Reino Unido, porque es posible que a no tardar demasiado escuchemos discursos similares: «No tengo nada que ofrecer sino sangre, esfuerzo, lágrimas y sudor».

Y estos son los factores que están en juego, y si no ocurre nada extraordinario, es razonable esperar (temer) que se irán cumpliendo las predicciones de la comunidad científica, aunque quizás algo atenuadas por las medidas que se están tomando. Lo que sí sabemos con seguridad es que el punto al que se llegue va a depender del momento en que empecemos a combatirlo con contundencia.

Pero no todo será negativo. La enorme multitud de ídolos de barro que esclavizan al hombre moderno caerán hechos añicos, éste recuperará su libertad y será más humano.

El Epílogo

Todos los sucesos ocurridos en el mundo hasta la aparición de los primeros homínidos estuvieron causados por las leyes naturales; tanto físicas como biológicas o evolutivas. Aquel era un mundo netamente determinista donde todo ocurría porque inexorablemente tenía que ocurrir; y no sólo los fenómenos físicos o químicos que conformaron la Tierra y configuraron a los seres vivos, sino también la conducta de los animales que la poblaban; totalmente determinada por sus instintos. Los conceptos de "bien" y de "mal" carecían de sentido, al igual que el de "libertad". Si alguien había diseñado aquel proceso fabuloso podía estar tranquilo, pues no existía ningún factor que pudiese malograr su obra.

Los rasgos humanos de aquellos primeros homínidos eran tan tenues que apenas cambiaron esta situación previa, pero hace alrededor de 70.000 años, algo ocurrió en la especie Sapiens que la hizo diferenciarse del resto, cambió su destino y cambió también el curso de la historia. Para los científicos que han estudiado el proceso, se produjo una "explosión cognitiva" fruto probablemente por una mutación genética, pero desde una perspectiva teológica todo el proceso, ocurriese como ocurriese, fue obra de Dios.

Estos *Sapiens* destinados a convertirse en seres humanos, seguían teniendo los mismos instintos egoístas que habían garantizado la supervivencia de sus ancestros, pero poseían una conciencia capaz de distinguir lo bueno de lo malo, y una libertad que les permitía elegir entre lo uno y lo otro. Su conducta ya no estaba determinada, pero estaba seriamente condicionada por sus instintos; unos instintos que habían sido hasta entonces simples mecanismos de defensa, pero, merced a la libertad que iban adquiriendo, se convirtieron en pasiones que les hacían muy difícil comportarse de acuerdo a lo que marcaba su conciencia incipiente.

Pero Dios no les dejó inermes ante ellas, pues, como dice el capítulo segundo del Génesis, les infundió su Espíritu para que su fuerza les permitiese combatirlas. Y es así como quedó configurada la condición humana, sometida a unas pasiones fruto de su herencia genética que le arrastran hacia abajo, hacia la tierra de la que procede, y la fuerza del espíritu de Dios que le empuja hacia arriba, hacia la plenitud, hacia su destino.

Todo el proceso que hemos repasado en la primera parte de esta reflexión es fruto de la lucha encarnizada y permanente entre estas dos fuerzas contrapuestas que nos solicitan en sentidos opuestos, y es esta lucha la que ha marcado y sigue marcando la vida de cada hombre y el rumbo de la humanidad.

Si entendemos la historia como materialización del proyecto de Dios, podremos comprender dos aspectos cruciales para la vida de los seres humanos. La primera es que caminamos hacia la plenitud individual y colectiva, es decir, hacia un mundo libre por fin de las pasiones que nos deshumanizan. La segunda, que los protagonistas de esta última etapa del camino somos nosotros; que Dios ha confiado en nosotros, ha puesto en nuestras manos su proyecto y nos ha dotado de tal grado de inteligencia y de libertad, que ahora tenemos la capacidad de culminarlo... o malograrlo.

En un principio el ser humano apenas podía influir en el proyecto de Dios, pero merced a su inteligencia, se ha ido haciendo cada vez más poderoso, hasta el punto que hoy es capaz de interferirlo gravemente; bien sea borrando del mapa a la especie humana en pocos minutos, o bien, deteriorando su hábitat hasta el punto de hacerlo inhabitable.

Y esta capacidad que sin duda poseemos nos plantea preguntas que no sabemos responder desde la razón. Por ejemplo, ¿supondría esto el fracaso de Dios, que vería naufragar su sueño? ¿Está Dios dispuesto a fracasar por mantener el don precioso de la libertad que nos ha dado? ¿Dios puede fracasar?

No, Dios no fracasa, y esta convicción nos abre la puerta a la esperanza a pesar de las negros nubarrones que ensombrecen el horizonte. Eso sí, la situación que hoy vive la humanidad nos muestra que el camino es mucho más largo de lo que nos gustaría, incluso más largo de lo que somos capaces imaginar; que la humanidad tendrá que vivir momentos de gran tribulación y superar crisis profundas, pero que al final llegará a su destino.

Apéndices

Relatividad y mecánica cuántica

Como ya hemos indicado anteriormente, las dos grandes teorías científicas que han marcado el signo del siglo veinte son la teoría de la relatividad y la mecánica cuántica. La mecánica cuántica trata de lo que es tan sumamente pequeño que no se puede ver (el mundo subatómico), la relatividad trata de lo que es tan grande que se nos escapa por su magnitud (el cosmos), y la combinación de ambas nos proporciona una visión global del mundo en que vivimos mucho más completa que las vigentes hasta hace un siglo (lo que no significa que se correspondan mejor con la realidad).

Aunque sólo sea por curiosidad vamos a dedicarles este apéndice, que es una simple ampliación de lo dicho en el bloque central del texto.

Vamos a comenzar por la relatividad, pero no sin antes indicar que los relatos de ambas teorías tienen mucho más de crónica histórica que de relato científico, por lo que creemos que son perfectamente asequibles a cualquiera que se acerque a ellos.

Teoría de la relatividad

Albert Einstein, formula su primera teoría de la relatividad (la que se conoce como "Relatividad especial") en 1905. Tiene aspectos muy novedosos, pero no contradice los principios de la física clásica, sino que los complementa, por lo que hoy en día está generalmente aceptada por la comunidad científica.

Relatividad especial

En 1887 Albert Michelson y Edward Morley llevan a cabo un experimento para medir la velocidad de la Tierra en relación al éter; un sustrato que, según se opinaba entonces, impregnaba el espacio y era el portador de la luz. La experiencia se basaba en un ingenioso aparto con varios espejos, y consistía en dividir un haz de luz en dos direcciones y comparar su velocidad; una de ellas se medía en sentido tangencial a la superficie de la Tierra, y otra en sentido normal.

De acuerdo al principio de la relatividad de Galileo, ambas medidas debían ser diferentes, pues en sentido tangencial la superficie de la Tierra tiene una velocidad de 180.000 Km/h debido a su rotación, y esta velocidad debería sumarse o restarse a la velocidad de la luz para dar el resultado del ensayo. Pero lo que obtuvieron resultó sorprendente pues no se encontró diferencia alguna entre ambas medidas, lo que demostraba, por una parte, la inexistencia del éter, y por otra, que la relatividad de Galileo no podía aplicarse a la luz.

Se abrió así una nueva línea de investigación para interpretar este resultado, y Albert Einstein fue uno de los científicos que decidió ocuparse del tema. Einstein llegó a la conclusión de que la velocidad de la luz es siempre constante con independencia del observador, y decidió partir de esta hipótesis para plantear sus teorías.

Esta hipótesis resulta paradójica, pues parece evidente que la velocidad de un objeto depende siempre de quien la observe. Por ejemplo, la velocidad de un tren es cero para una persona que se encuentre sentada en su interior, mientras que es, pongamos por caso, de cien kilómetros por hora, para otra que esté viéndolo pasar desde el andén. Pero como hemos dicho, la hipótesis de Einstein, en principio muy poco intuitiva, ha dado lugar a una teoría muy consistente.

Su primera conclusión es que ni el espacio ni el tiempo son conceptos absolutos, sino que dependen de la velocidad. El tiempo transcurre más lentamente cuando nos vamos acercando a la velocidad de la luz, y se detiene al alcanzarla. Para un rayo de luz el tiempo no transcurre. Einstein acuña un nuevo concepto, el *espacio–tiempo*, que se comporta como una magnitud continua.

De esta teoría también se desprende que la masa de los objetos (su inercia) aumenta a medida que su velocidad adquiere valores crecientes, tendiendo al infinito cuando se acerca a la velocidad de la luz. De esta forma, nada puede ir más rápido que la luz, pues haría falta una fuerza cuasinfinita para vencer la inercia cuasinfinita de un objeto que se acercase a ella.

Conviene aclarar que estos fenómenos que estamos describiendo se manifiestan a velocidades cercanas a las de la luz, por lo que en la vida corriente son totalmente despreciables. En nuestra vida cotidiana el espacio y el tiempo se comportan como magnitudes consistentes, y por eso podemos medirlos con precisión y las leyes de Newton siguen siendo válidas.

Finalmente, la teoría considera la masa de un cuerpo como una forma de energía, revolucionando la física con su famosa ecuación "$E=mc^2$" (donde "E" es energía, "m" masa y "c" la velocidad de la luz). Según esta ecuación, la masa puede transformarse en energía –como se demuestra en las reacciones nucleares–... y viceversa. De hecho, el sol pierde cuatrocientos millones de toneladas de materia cada segundo para poder mantener su temperatura, ya que el calor que produce *aniquilando* su masa, es el que irradia al espacio.

Relatividad general

La *Relatividad general* que publica en 1915 modifica el concepto de gravedad de Newton, pero no su formulación, que sigue siendo perfectamente válida. Newton entiende la gravedad como una fuerza inherente a la masa de los objetos, mientras que Einstein afirma que es debida a la deformación del espacio-tiempo en presencia de objetos masivos.

La deformación del espacio-tiempo es también un fenómeno poco intuitivo, pero podemos tratar de entenderlo imaginando una plancha plana de material elástico que se curva (se hunde) al colocar una bola pesada sobre ella. Si ponemos una bola más pequeña cerca de la grande, ésta "caerá" por el embudo que ha surgido en el espacio-tiempo en dirección a la grande produciéndose el mismo efecto descrito por Newton.

Si aplicamos este fenómeno al movimiento de los planetas, vemos que estos se desplazan siguiendo una órbita marcada por la geometría del espacio-tiempo a la que se denomina *línea geodésica*. Así ocurre en el desplazamiento de la Tierra alrededor del sol, y de la luna alrededor de la Tierra...

Se daba la circunstancia de que las leyes de Newton aplicadas a la órbita de los planetas coincidían fielmente con las observaciones de los astrónomos, salvo en el caso de Mercurio. Este error no fue bien explicado hasta que se aplicó el concepto de gravedad propuesto por Einstein, dejando de manifiesto que su concepción de la gravedad se ajustaba mejor a la realidad que la propia teoría de Newton.

De la relatividad general se desprenden otras consecuencias importantes, como que la gravedad no sólo actúa sobre la masa, sino también sobre la energía, por lo que un rayo de luz (energía electromagnética) se desvía al pasar junto a un objeto masivo como el sol. También se desprende que la gravedad influye en la velocidad a la que transcurre el tiempo, lo que se traduce en que transcurre más lento para una persona que esté en un globo a veinte mil metros de altitud, que para otra que se encuentre al nivel del mar, aunque el desfase entre ambos a lo largo de la vida sería muy pequeño.

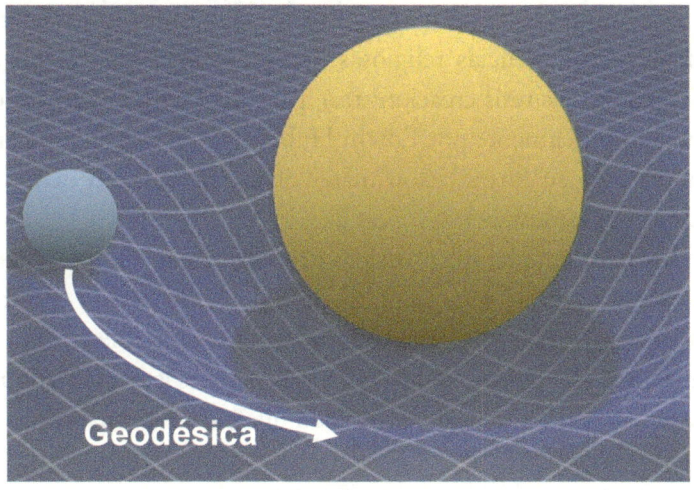

Pero Einstein también comete un error garrafal en su teoría de la relatividad, y es que parte de una "concepción estática del universo", es decir, que considera fija la posición relativa de las grandes estructuras del universo a lo largo del tiempo. En 1927, el sacerdote católico, y matemático genial, Georges Lemaître (1894-1966), publica un trabajo basado en concepto de entropía en el que propone un universo en expansión, o lo que es lo mismo, una "concepción dinámica del universo". Este error de concepto de Einstein le producía errores al aplicar las fórmulas de la relatividad; errores que paliaba introduciendo en sus cálculos una "constante cosmológica" de su invención que más tarde calificó de "su mayor error".

Detengámonos un momento en Lemaître, pues es un personaje digno de toda la atención. En otro artículo de 1928 sostiene que si nos remontamos hacia atrás en el tiempo, en el pasado el universo tuvo que haber sido cada vez más pequeño, y en el primer momento estaría concentrado en un punto de dimensiones ínfimas y densidad infinita al que denomina "átomo primigenio".

Su teoría sufre en principio un rechazo generalizado por parte de la comunidad científica y Lemaître es acusado de estar movido por sus creencias religiosas (pues un universo con un origen refuerza las tesis creacionistas), pero más tarde se ratifica esta teoría empíricamente por Edwin Hubble (1929-....), y también se completa en su formulación matemática por el físico ucraniano Gueorgui Gamow.

Einstein, que en un principio descalificó con dureza la teoría de Lemaître, tiene que aceptarla al ver su ratificación empírica, y tras una conferencia de Lemaître en el Caltech de California, Einstein se levanta, aplaude y exclama: «Ésta es la explicación más hermosa y satisfactoria de la creación que haya escuchado jamás».

La mecánica cuántica

La física cuántica, o mecánica cuántica, nace con el siglo de XX de la mano de Max Planck y a su desarrollo contribuyen personajes de la talla de Albert Einstein o Niels Bohr, pero su "interpretación ortodoxa" formulada en 1927 contradice principios básicos de la física clásica y es rechazada por una parte de la comunidad científica; incluidos algunos de sus fundadores como Einstein.

Génesis de la mecánica cuántica

Isaac Newton tiene una concepción corpuscular de la luz, es decir, sostiene que la luz está formada por corpúsculos que se propagan en línea recta. En cambio, Christian Huygens (físico holandés, 1629-1695), desarrolla una teoría ondulatoria de la luz en la que cada punto luminoso de un frente de ondas se convierte en fuente de nuevas ondas. Esta última concepción explica tanto la difracción (al pasar una onda por una rendija se crean nuevos frentes de ondas), como las interferencias (luz más luz, oscuridad), pero el modelo que finalmente prevalece es el corpuscular de Newton; bien sea por el prestigio de éste, o bien porque Huygens no sabe apuntalar su teoría con una formulación matemática adecuada.

En 1801 se zanja en principio la polémica con el experimento de Thomas Young (1773-1829) que muestra el carácter ondulatorio de la luz. Young hace pasar un haz de luz por dos orificios muy pequeños y muy juntos entre sí para proyectarlo en una pantalla situada detrás de ellos. Si la luz es sólo una corriente de partículas, en la pantalla deben formarse dos pequeños puntos luminosos, uno por cada orificio iluminado. Pero en lugar de eso, Young observa franjas claras y oscuras alternadas, es decir, un patrón inequívoco de interferencia, propio de las ondas.

Pero esta concepción ondulatoria de la luz no resuelve el problema del cálculo de la radiación de un cuerpo negro (cuerpo opaco y no reflectante), pues cuando se suma la energía propia de cada longitud de onda, el resultado es infinito (cosa imposible). En 1900, Max Planck (1858-1947), lo soluciona suponiendo que la luz no es absorbida y emitida en forma de flujo constante, sino de forma discreta; en pequeños paquetes de energía.

Y éste es el punto de partida del desarrollo de la mecánica cuántica. Su principio básico es, por tanto, que la energía no se intercambia en forma continua, sino que en todo intercambio hay una energía mínima involucrada. Esto significa que los flujos de energía (como la energía de radiación que nos llega desde el sol) no son lisos, sino grumosos.

En 1905, estudiando el efecto fotoeléctrico que le valió el premio Nobel, Einstein demuestra que la luz tiene propiedades corpusculares, y con ello refuerza la teoría de Planck. Es Einstein quien bautiza a estos paquetes de energía con el nombre de "cuantos de energía" (más tarde se denominarán "*fotones*").

En 1924, Louis Víctor de Broglie (1892-1987), propone la existencia de "ondas de materia":

> *«La materia presenta características tanto ondulatorias como corpusculares, comportándose de uno u otro modo dependiendo del experimento específico de que se trate».*

En 1927 George Thompson, y Clinton Davisson comprueban empíricamente la teoría de Víctor de Broglie a través de la difracción de electrones en dos experimentos diferentes. Hacen pasar un haz de electrones por dos rendijas cercanas (igual que hizo Young en su experimento con la luz), y ven en la pantalla posterior un diagrama de interferencias igual que el obtenido por Young. Esto significa que los electrones se comportan en este experimento como ondas y no como partículas.

Por tanto, ya desde el principio surge el problema de explicar el resultado de estos experimentos aplicando los principios de la física clásica, y se resuelve enunciando el principio de "dualidad onda-partícula"; cosa poco intuitiva, pero razonable a la vista de los experimentos. No obstante, es importante indicar que en cada experimento las ondas o partículas se comportan de una forma determinada y no indiscriminada. En el experimento de las rendijas, los electrones se comportan siempre como ondas y nunca como partículas, mientras que en los rayos catódicos se comportan siempre como partículas y nunca como ondas.

El modelo del átomo

Demócrito define el átomo como una pieza pequeña, indivisible e indestructible con la que están hechas todas las cosas. Durante todo el siglo XIX la concepción del átomo es la propuesta por John Dalton (1766-1844), que lo concibe como una bola neutra de materia capaz de unirse químicamente a otras para formar compuestos. Este modelo está vigente hasta que Joseph Thompson (1856-1940) descubre la existencia del electrón y propone en 1904 su propio modelo. En este modelo el átomo está formado por una masa cargada positivamente en cuya superficie se sitúan los electrones como las pasas en un pastel. En 1911, Ernest Rutherford (1871-1937) descubre el núcleo atómico y plantea su propio modelo con los electrones orbitando en torno a ese núcleo.

El problema del modelo de Rutherford es su inestabilidad, pues los electrones decaerían en sus órbitas y acabarían pegados al núcleo. Se había llegado al límite de la física clásica sin lograr un modelo consistente de átomo. En 1913, Niels Bohr (1885-1962) aplica al modelo de Rutherford los principios de la física cuántica, y obtiene un modelo estable sobre la base de que los electrones no pueden estar a cualquier distancia del núcleo, sino en unas órbitas separadas entre sí en un cuanto de energía. Se necesita, por tanto, un cuanto de energía para que se produzca un salto de órbita, y eso es lo que los mantiene estables. Este modelo sigue considerando los electrones como partículas, lo que lo convierte en un modelo mixto cuántico-clásico.

En 1927, Erwin Schrödinger (1887-1961) propone un modelo atómico cuántico puro en el que el electrón se comporta como una *"onda de materia"* según la teoría de De Broglie. Por tanto, en su modelo desaparece la concepción del átomo como sistema planetario con partículas orbitando en torno al núcleo, y los electrones son sustituidos por una onda que oscila a diferentes frecuencias en el espacio interior del átomo.

Su funcionamiento está descrito por la "función de onda" (Ψ), que es la forma que tienen los científicos de enunciar el estado de un sistema de partículas. Para conocer la evolución temporal de esta función se desarrolla la "ecuación de Schrödinger"; una ecuación determinista que tiene la particularidad de funcionar sólo en el intervalo comprendido entre dos medidas, pues cuando se hace una medida ya no estamos midiendo lo que ocurre realmente en él, sino lo que ocurre cuando el observador pasa a formar parte integrante de dicho sistema. Ya es otro sistema, y éste, no determinista.

La última tentativa de acercarse a lo que ocurre realmente a nivel subatómico es la teoría de cuerdas, cuya primera formulación se remonta a 1974 y es obra de los físicos Joël Scherk y John H. Schwartz. Las teorías de cuerdas (en plural porque son muchas) son una serie de modelos de física teórica que afirman que las partículas subatómicas son en realidad "estados vibracionales" de un objeto extendido muy básico llamado "cuerda" o "filamento". Esta cuerda vibra de diferentes maneras, y según el modo de hacerlo, vemos un electrón, un fotón, un quark o cualquier otra partícula del modelo estándar.

En principio esta teoría crea muchas expectativas por sencilla y elegante, pero con el tiempo se ha convertido en un monstruo inmanejable cada vez más complejo.

La interpretación ortodoxa o interpretación de Copenhague

El descubrimiento de los cuantos de energía (1900, Max Planck) da lugar a teorías razonables como el efecto fotoeléctrico, o el modelo atómico de Bohr (en el que se basa toda la química y la electrónica), pero en 1927, el propio Bohr, con la ayuda de

Max Born (1882-1970) y Werner Heisenberg (1901-1976) propone la "interpretación ortodoxa" o interpretación de Copenhague. Se basa en el "principio de incertidumbre" que hace que muchos científicos como Einstein, rechacen de plano la indeterminación que conlleva y se descuelgan de ella («Dios no juega a los dados», dice Einstein en una carta dirigida a Bohr).

Según esta interpretación, a nivel subatómico existe un "mundo cuántico" que tiene sus propias reglas, y en el que desaparece la realidad objetiva (un árbol, una piedra), pues el observador pasa a formar parte integrante del sistema analizado y este sistema ya no puede considerarse con existencia propia e independiente, sino dependiente del observador. Esto significa que el mundo cuántico no es objetivo sino subjetivo; dependiente del sujeto que lo observa.

La primera consecuencia de esta forma de concebir la física cuántica, es que lo que observamos en nuestros experimentos no coincide con lo que la Naturaleza "es realmente" cuando no la estamos observando, es decir, que la mecánica cuántica sólo describe la Naturaleza cuando no se observa. Pero todavía va mucho más allá al afirmar que en ausencia de un observador, las partículas existen "en todos sus estados posibles ¡a la vez!", y que sólo cuando se miden colapsan en un estado definido entre sus muchos estados posibles.

Desde una mentalidad clásica, asumimos que la Naturaleza existe de manera independiente de nosotros, y que posee una realidad objetiva incluso cuando no lo estamos observando. Pero según la interpretación ortodoxa, un objeto cuántico no tiene un estado objetivo hasta que se mide.

Esta idea fue expresada por Schrödinger con la paradoja del gato. Metemos un gato en una caja con un dispositivo que puede matarlo con una probabilidad del 50% en pocos segundos. Cerramos la caja para no poder observarlo, y según se afirma en la paradoja, mientras la caja permanece cerrada el gato está muerto y vivo a la vez (adopta todos los estados posibles, que son estos dos), y sólo cuando abrimos la caja es cuando el gato está vivo o muerto.

Una reflexión filosófica para terminar

La interpretación ortodoxa de la física cuántica es incompatible con la gravedad de Einstein, y hay muchos investigadores tratando de unificar ambas teorías en una "teoría cuántica de la gravedad" que integre a ambas. Entre ellos está Lee Smolin (1965-....), físico teórico dedicado al estudio de la gravedad cuántica, quien dice que la mecánica cuántica está basada en principios erróneos, y añade que:

> *«Debemos conformarnos con tener una descripción permanentemente incompleta de la Naturaleza».*

Esta reflexión de Smolin nos lleva a otra de carácter filosófico con la que vamos a cerrar este punto. Kant distingue entre el mundo nouménico de las "cosas en sí", al que nuestra mente no tiene acceso, y el mundo fenoménico de las "cosas en mí", fruto de la acción de nuestros *"a prioris"* innatos sobre los estímulos externos.

La ciencia nos proporciona una descripción de mundo fenoménico, es decir, del mundo de las "cosas en mí", pero no nos proporciona ninguna evidencia de que esté describiendo procesos reales; y ello por la sencilla razón de que no tenemos acceso al mundo nouménico exterior, es decir, al mundo de las "cosas en sí". Los modelos matemáticos nos sirven para interactuar con la Naturaleza; y nada más.

Pero cuando se desarrolla una rama de la física que cuestiona la realidad objetiva de las cosas; con afirmaciones tan exóticas como la presencia dentro de los átomos de diez dimensiones (en lugar de las cuatro en que vivimos); con cálculos que deben recurrir a tiempos de la escala imaginaria para que funcionen; que formula principios de indeterminación de la realidad física; que entra en colisión con la gravedad; que nos habla de partículas que están en varios sitios a la vez y de gatos vivos y muertos al mismo tiempo... quizás deberíamos preguntarnos si esto lleva a alguna parte, o si no estaremos tratando de adentrarnos en el mundo nouménico de Kant y no acabaremos nunca de dar palos de ciego...

Relación de autores citados

Abraham (Ur de Caldea)	Patriarca
Agustín de Hipona (Sagaste-Numidia, 354-430)	Filósofo
Anaxágoras de Clazómenas (Clazómenas-Grecia, 500-428 a.C.)	Filósofo
Anaximandro de Mileto (Mileto-Grecia, 610-546 a.c.)	Filósofo
Antístenes (Atenas-Grecia, 444-365 a.c.)	Filósofo
Aristóteles de Estagira (Estagira-Grecia, 384-322 a.c.)	Filósofo
Armstrong, Neil (Wapakoneta-USA, 1930-20129)	Astronauta
Arquímedes (Siracusa-Italia, 287-212 a.c.)	Físico
Bacon, Roger (Ilchester-UK, 1214-1292)	Protocientífico
Benz, Karl (Mühlburg-Alemania, 1844-1929)	Ingeniero
Berkeley, George (Dysart-UK, 1685-1753)	Filósofo
Bohr, Niels (Copenhague-Dinamarca, 1885-1962)	Físico
Born, Max (Wroclaw-Polonia,1882-1970)	Matemático
Broecker, Wallace (Chicago, USA,1931-2019)	Geólogo
Buonarrotti, Miguel Ángel (Caprese-Italia,1475-1564)	Polímata
Calderón de la Barca, Pedro (Madrid-España, 1600-1681)	Dramaturgo
Chomsky, Noam (Filadelfia-USA 1928)	Lingüista
Cicerón, Cicerón (Arpino-Italia, 106-43 a.C.)	Filósofo y político
Comte, Auguste (Montpellier-Francia 1798-1857)	Filósofo
Copérnico, Nicolás (Torun-Polonia, 1473-1543)	Astrónomo

Coulomb, Charles (Angulema-Francia, 1736-1806)	Físico
Da Vinci, Leonardo (Anchiano-Italia, 1452-1519)	Polímata
Dalton, John (Eaglesfield-UK, 1766-1844)	Químico
Darwin, Charles (Shrewsbury-UK, 1809-1882)	Naturalista
Davisson, Clinton (Bloomington-USA, 1881-1958)	Físico
De Cusa, Nicolás (Berncastel-Alemania, 1401-1464)	Filósofo y teólogo
De Montaigne, Michel (Montaigne-Francia, 1533-1592)	Filósofo y escritor
De Róterdam, Erasmo (Róterdam-Holanda, 1466-1536)	Filósofo
Delibes, Miguel (Valladolid-España, 1920-2010)	Novelista
Demócrito de Abdera (Abdera-Grecia, 460-370 a.C.)	Filósofo
Descartes, René (La Haye-en-Tourine-Francia, 1596-1650)	Matemático
Dostoievski, Fiódor (Moscú-Rusia, 1821-1881)	Escritor
Durán, Juan Manuel (Jerez-España, 1899-1926)	Aviador
Eco, Umberto (Alessandria-Italia, 1932-2016)	Semiólogo
Edison, Thomas (Ohio-USA, 1847-1931)	Inventor
Einstein, Albert (Ulm-Alemania,1879-1955)	Físico
Engels, Friedrich (Barmen-Alemania, 1820-1895)	Filósofo
Epicteto (Hierápolis-Turquía, 55-135)	Filósofo
Estrada, Juan Antonio (Madrid-España, 1945)	Teólogo
Euclides (Alejandría-Egipto, 325-265 a.C.)	Geómetra
Feuerbach, Ludwig (Landshut-Alemania, 1804-1872)	Filósofo
Fleming, Alexander (Darvel-UK, 1881-1955)	Médico y científico
Ford, Henry (Springwells-USA, 1863-1947)	Empresario
Franco, Ramón (Ferrol-España, 1896-1938)	Aviador
Franklin, Benjamín (Boston-USA,1706-1790)	Inventor
Freud, Sigmund (Privor-Chequia, 1856-1939)	Psicoanalista
Fromm, Erich (Fráncfort-Alemania, 1900-1980)	Psicoanalista
Gagarin, Yuri (Klúshino-Rusia, 1934-1968)	Astronauta
Galbani, Luigi (Bolonia-Italia. 1737-1798)	Físico
Galilei, Galileo (Pisa-Italia,1564-1642)	Astrónomo
Gamow, Gueorgui (Odessa-Ucrania, 1904-1968)	Astrónomo
Gates, Will (Seattle-USA, 1955)	Empresario

Gautama, Siddhartha (Lumbini-Nepal 560-480 a.c.)	Maestro espiritual
Gregorio XIII (Bolonia-Italia, 1502-1585)	Papa
Gutenberg, Johannes (Maguncia-Alemania,1400-1468)	
Harvey, William (Folkstone-UK, 1578-1657)	Médico
Hegel, Friedrich (Stuttgart-Alemania 1770-1831)	Filósofo
Heidegger, Martin (Messkrich-Alemania, 1889-1976)	Filósofo
Heisenberg, Werner (Wurzburgo-Alemania, 1901-1976)	Físico
Heráclito de Éfeso (Éfeso-Grecia, 535-475 a.c.)	Filósofo
Hobbes, Thomas (Westport-UK, 1588-1679)	Filósofo
Horkheimer, Max (Stuttgart-Alemania, 1895-1973)	Psicólogo
Hawking, Stephen W. (Oxford-UK, 1942-2018)	Físico teórico
Helvetius, Claude (París-Francia, 1715-1771)	Filósofo
Herodes el Grande (Edom, 72 a.c.-4 a.c.)	Político
Heron (Alejandría-Egipto, 10-70)	Matemático
Horacio, Quinto (Venosa-Italia, 65-8 a.c.)	Poeta
Hubble, Edwin P. (Marshfield-USA, 1889-1953)	Astrónomo
Hume, David (Edimburgo-UK, 1711-1766)	Filósofo
Husserl, Edmund (Postéjov-Chequia,1858-1938)	Filósofo y matemático
Huygens, Christian (La Haya-Holanda, 1629-1695)	Físico
Irnerio (Bolonia-Italia, 1050-1125)	Monje del Carmen
Jenner, Edward (Berkeley-UK, 1749-1823)	Médico y científico
Jobs, Steve (San Francisco-USA, 1955-2011)	Empresario
Jonas, Hans (Mönchengladbach-Alemania, 1903-1993)	Filósofo
Kant, Immanuel (Königsberg-Prusia, 1724-1804)	Filósofo
Kepler, Johannes (Weil der Stadt-Alemania, 1571-1630)	Astrónomo
Kierkegaard, Sören (Copenhague-Dinamarca, 1813-1855)	Filósofo
Leibniz, Gottfried (Leipzig-Alemania, 1646-1716)	Filosofo
Lemaître, George SJ (Charleroi-Bélgica, 1894-1966)	Astrónomo
Leonov, Alexei (Litsvyanka-Rusia, 1934-2019)	Astronauta
Lindbergh, Charles (Detroit-USA, 1902-1974)	Aviador
Locke, John (Wrington-UK, 1632-1704)	Filósofo
Lutero, Martin (Eisleben-Alemania, 1483-1546)	Teólogo

Mach, Ernst (Brno-Chequia,1838-1916)	Físico y filósofo
Mahoma (La Meca-Arabia, 570-632)	Profeta
Marco Aurelio (Roma-Italia, 121-180)	Filósofo estoico
Marx, Karl (Tréveris-Alemania, 1818-1883)	Filósofo
Mendel, Gregor J. (Incyce-República Checa, 1822-1884)	Naturalista
Montesquieu, Carles de (La Brède- Francia,1689-1755)	Filósofo
Neper, John (Edimburgo-UK, 1550-1617)	Matemático
Newcomen, Thomas (Dartmouth-U.K., 1664-1729)	Inventor
Newton, Isaac (Woolsthorpe Manor-UK, 1642-1727)	Físico
Nietzsche, Friedrich (Röcken-Alemania, 1844-1900)	Filósofo
Ortega y Gasset, José (Madrid, 1883-1955)	Filósofo y sociólogo
Otto, Nikolaus (Holzhausen-Alemania, 1832-1891)	Ingeniero
Ovidio, Publio (Sulmona-Italia, 43 a.C.-17)	Poeta
Paracelso (Ensiedein-Suiza,1493-1541)	Alquimista
Parménides de Elea (Elea-Grecia, 504-450 a.C.)	Filósofo
Pascal, Blaise (Clermont Ferrand-Francia, 1623-1662)	Filósofo
Pico della Mirandola, Giovanni (Mirandola-Italia, 1463-1494)	Pensador
Pinker, Steven (Montreal-Canadá, 1954)	Psicólogo
Pitágoras de Samos (Samos-Grecia, 569-475 a.C.)	Filósofo
Planck, Max K. (Gotinga-Alemania, 1858-1947)	Físico
Platón de Egina (Egina-Grecia, 427-347 a.C.)	Filósofo
Rada, Pablo (Caparroso-España, 1901-1969)	Aviador
Ricoeur, Paul (Valence-Francia, 1913-2005)	Antropólogo
Rousseau, Jean Jacques (Ginebra-Suiza,1712-1788)	Filósofo
Ruiz de Alda, Julio (Estella-España, 1897-1936)	Aviador
Russell, Bertrand (Trellech-UK, 1872–1970)	Lógico
Rutherford, Ernest (Brightwater-N. Zelanda, 1871-1937)	Físico
Samuel, Albert (Pittsburg-USA, 1922-2009)	Profesor
Sartre, Jean Paul (París-Francia, 1905-1980)	Filósofo
Scherk, Joël (París-Francia,1946-1980)	Físico teórico
Schwartz, John (North Adams-USA,1941)	Físico teórico
Schrödinger, Erwin (Viena-Austria, 1887-1961)	Físico

Séneca, Lucio Anneo (Córdova-España, 4-65)	Filósofo y político
Servet, Miguel (Villanueva-España, 1509-1563)	Teólogo y científico
Shakespeare, William (Stratford-UK, 1564-1616)	Dramaturgo
Shepard, Alan (New Hampshire-USA, 1923-1998)	Astronauta
Siemens, Werner von (Lenthe-Alemania, 1816-1892)	Inventor, empresario
Smoling, Lee (N. York-USA, 1955)	Físico teórico
Sobrino, Jon sj (Barcelona-España, 1938)	Teólogo
Socrates (Alopece-Grecia, x-399 a.c.)	Filósofo
Spinoza, Baruch (Ámsterdam-Holanda, 1632-1677)	Filósofo
Tales de Mileto (Mileto-Grecia, 625-547 a.C.)	Filósofo
Tereshkova, Valentina (Masiennicovo-Rusia, 1937)	Astronauta
Tesla, Nicola (Smiljan-Croacia, 1856-1943)	Inventor
Thompson, Joseph (Manchester-UK, 1856-1940)	Científico
Thompson, George (Greenwich-UK, 1892-1975)	Ingeniero
Tomás de Aquino (Roccasecca-Italia, 1224-1274)	Teólogo
Torricelli, Evangelista (Roma-Italia, 1608-1647)	Físico
Vesalio, Andrés (Bruselas-Bélgica, 1514-1564)	Médico
Virgilio, Publio (Galia-Francia, 70-19 a.C.)	Poeta
Vives, Juan Luis (Valencia, España,1492-1540)	Filósofo y psicólogo
Volta, Alessandro (Como-Italia, 1745-1827)	Químico
Voltaire –F.M. Arouet– (París-Francia, 1694-1778)	Filósofo
Watt, James (Greenock-UK, 1736-1819)	Ingeniero
Westinghouse, George (Nueva York-USA, 1846-1914)	Empresario
Wittgenstein, Ludwig (Viena-Austria, 1889-1951)	Filósofo
Wright, Wilbur y Orville (Indiana y Ohio-USA)	Inventores
Young, Thomas (Milberton-UK, 1773-1829)	Científico